Serie Literatura y Cultura

Editor General: Greg Dawes

Editora a cargo de la serie: Ana Peluffo

Otras voces

Nuevas identidades en la frontera sur de California (Testimonios)

Dirección general y ensayo crítico de Alejandro Solomianski

Editores: Marisol Montaño, Alejandro Solomianski
y Sofía Wolhein

Raleigh

Library of Congress Control Number: 2011930054

Library of Congress Cataloging-in-Publication Data:
Otras voces. Nuevas indentidades en la frontera sur de california (testimonios) / Alejandro Solomianski ; [edited by] Marisol Montano, Alejandro Solomianski, Sofia Wolhein / Raleigh, NC : Editorial A Contracorriente., 2011. / p. cm.

ISBN 13: 978-1-257-75237-9 (pbk. : alk. paper)
ISBN 10: 1-257-75237-5   (pbk. : alk. paper)

A menos que se indique lo contrario, las imágenes incluidas en los testimonios son cortesía del testimoniante.

Fotografía de cubierta: *Freeway Interchange, Los Angeles, California,* 1967 by Ansel Adams. © 2011 The Ansel Adams Publishing Rights Trust

Esta obra se publica con el auspicio del Departamento de Lenguas y Literaturas Extranjeras de North Carolina State University

AGRADECIMIENTOS

Agradecemos en primer lugar a los cerca de 50 estudiantes de los cursos de Testimonio hispanoamericano dictados en 2008 y 2009 por el profesor Alejandro Solomianski en California State University, Los Ángeles. Todos y cada uno, al igual que un número similar de testimoniantes, contribuyeron a la atmósfera que posibilitó la producción de este libro. En particular, agradecemos a los testimoniantes y a los transcriptores cuyas narraciones fueron finalmente incluidas en Otras voces.

También, agradecemos a James Williamson, director del Departamento de Apoyo de Aprendizaje Electrónico, así como a María Costa, directora del programa de desarrollo docente del mismo departamento, a Flavio Argueta, especialista en diseño de enseñanza, a Amir Chartab Shargh, asistente graduado, y a los asistentes Maryam Ghadiri, José Javier Vélez-Colón y Terence Yap, sin cuyo apoyo técnico no hubiera sido posible la realización formal de este libro en el formato electrónico previo a su presente fomato como libro impreso.

Igualmente agradecemos a Instructional Related Activities de CSULA por su contribución y el apoyo del Dean Terry Allison (College of Arts and Letters) sin cuya confianza en el proyecto no hubiéramos tenido tal contribución.

Queremos agradecer a nuestras familias por brindarnos apoyo emocional. Finalmente, no queremos olvidar a todos aquellos que nos ayudaron con sus ideas y su entusiasmo durante la realización de este proyecto.

Marisol Montaño, Alejandro Solomianski y Sofía Wolhein

ÍNDICE

PRIMERA PARTE: INTRODUCCIÓN

Si he sufrido la sed, el hambre,
todo lo que era mío y resultó ser nada,
si he segado las sombras en silencio,
me queda la palabra.

Blas de Otero

A veces en las tardes una cara
nos mira desde el fondo de un espejo;
el arte debe ser como ese espejo
que nos revela nuestra propia cara.

Jorge Luis Borges

INTRODUCCIÓN

A UN ENTRAMADO DE PEQUEÑAS VOCES TESTIMONIALES Y PROFUNDAS DISCORDANCIAS SOCIALES

1. *Intensiones y situacionalidad del presente libro*

El compendio de breves testimonios que se despliega a continuación constituye, en más de un sentido, un texto que se posiciona en espacios fronterizos, conflictivos y contradictorios. Sin embargo, este "estar en el borde", más allá de lo problemático o riesgoso que de hecho resulta, es una consecuencia inevitable de la identidad de los materiales aquí reunidos y de su potenciación mutua. Ya sea que los relatos se entrelacen mediante su reelaboración "electrónica" o a través de su formato "libro".

En primer lugar es preciso señalar que la serie de trabajos realizados para la manufactura del texto le debe su posibilidad de existencia a la teoría ("ciudad letrada") o a las redes de textos académicos en general. Sin embargo, este ensayo crítico y el entramado de testimonios que encabeza intentan escapar, en la medida de lo posible, a las lógicas de constitución de significado y a los mecanismos de persuasión del ensayo académico. De ninguna manera se trata de una actitud crítica o de rechazo hacia la labor fructífera e inspiradora de muchos de mis maestros y colegas sino de un reconocimiento de la situación que contemporáneamente atraviesa la actividad "lectura", y de la atención dispersa de los lectores. Dejando de lado las transformaciones del ejercicio de lectura impuestas por las nuevas tecnologías (y corporaciones) de la comunicación, las nuevas jerarquías de los formatos narrativos, la relativización de las nociones de "alta" y "baja" cultura, y el reinado hipnótico de lo icónico; me atrevería a afirmar que la caída de los mega-relatos, que forma parte de la posmodernidad, implica una caída de las mega-lecturas. Esta caída se produce tanto en la profundidad como en la extensión ideales que pueden presuponerse como lógicas constitutivas del sujeto lector.

Otras voces busca atraer al lector académico e incluso servir como una pequeña base de datos sobre algunos aspectos ocultos o tergiversados de la "realidad" en el sur de California. Esta modesta base de datos podría resultar útil a antropólogos, sociólogos, lingüistas, psicólogos y otros especialistas de los estudios culturales.

Otro elemento a considerarse, y que se hizo palpable a través del trabajo en clase, es el valor pedagógico general de la experiencia y de su resultado. Tanto las discusiones teóricas desarrolladas en este prólogo como los testimonios que integran el libro pueden resultar, gracias a su brevedad y consistencia no simplificadoras, inmediatamente aplicables en la enseñanza universitaria de disciplinas diversas dentro de programas de Español en los Estados Unidos, tanto a nivel graduado como de pregrado.

Sin embargo, en un cierto nivel de conflicto con ese objetivo, *Otras voces* intenta captar también la atención de aquellos mismos que son o podrían ser sus protagonistas, aquellos que pueden reconocerse a sí mismos o a su red de relaciones en las historias amargas, a veces ligeramente violentas y a veces sanguinarias que componen el volumen. De ahí el procedimiento constructivo de a) reducir las discusiones teóricas (al mínimo necesario para que los testimonios queden plenamente expuestos en su complejidad y profundidad), b) fragmentar el texto al máximo de un modo marcadamente didáctico y c) señalar y esclarecer los significados, las contradicciones y las discusiones al mayor nivel posible.

Intentaré delinear el contexto social más general y amplio en que estos testimonios se elaboran, entendiendo que la crisis californiana se vincula con la emergencia de estos relatos. Puede proponerse, a comienzos de 2010, que hablar de California es hablar de un fracaso y de un espejismo. Un panorama que podríamos abrir con la crisis energética que sacudió los comienzos del siglo XXI, el creciente endurecimiento, durante lo que va de la década, de las políticas contra los trabajadores indocumentados (regulado obviamente por las necesidades del mercado laboral), la explosión de la burbuja inmobiliaria, el crecimiento sostenido del desempleo y de prácticas tales como reducciones salariales y despidos masivos; un listado de transformaciones que establece para la "séptima mayor economía del mundo" una cara diametralmente diferente a la que difunde el paraíso imaginario instaurado a nivel planetario por Hollywood, las palmeras y la abundante prosperidad de las mansiones de Beverly Hills.

En el caso concreto del conjunto de municipios que llamamos Los Ángeles otro de los rostros del fracaso (que nuevamente incluye a la clase media), es el sistema de transporte "individualizado" en automóviles, o desproporcionadamente inmensas "*SUVs*", que no sólo resulta por momentos exasperante, lento y molesto sino que además es irracional, peligroso, sujeto a controles ineficientes y excesivos y, además, ecológicamente insustentable.[1] Ésa es la cara que muestra la cubierta de este volumen. En esa fotografía de Ansel Adams a la vez inquietante e hipnótica vemos lo siniestro: un paisaje árido, estéril y envolvente que quisiéramos no tuviera nada que ver con nosotros, y sin embargo, más allá de lo que nuestras conciencias estén dispuestas a reconocer, una voz, una curva del monstruo autopístico, la sordidez general, o algo que simplemente no podemos entender, nos desengaña. Esos tentáculos incomprensibles, esos automóviles minúsculos que se han juntado para rivalizar, ese cemento que se ha tragado todo horizonte de realidad, constituyen la representación de una de las facetas de nuestras identidades californianas: exactamente aquella que no queremos ver.

Siguiendo con esta misma idea los doce testimonios que integran *Otras voces* también están muy elocuentemente simbolizados en la foto de la portada. Itinerarios que se pierden, que no logran reunirse, que transitan en tres, cuatro e incluso cinco niveles de altura que se superponen sin conectarse jamás, cruces que dispersan o reúnen a los itinerantes sólo por un momento. Se trata de itinerarios de corto alcance que no lograrán hacer historia o un cambio social. Son historias mínimas, intrahistorias, tan sólo el reverso de la trama propagandística. Parte del fracaso del "paraíso californiano" y de la instauración de su espejismo es justamente esta imposibilidad de articulación plena de los sujetos subalternos y/o de los sujetos migrantes. Evidentemente no se trata de un fracaso de las víctimas sino de otro fragmento del fracaso general del proyecto californiano. Sería absurdo pretender que personas que arduamente están luchando por su subsistencia y la de sus seres queridos pudieran desafiar exitosamente uno de los conglomerados del planeta en el que la hegemonía de la ideología capitalista es prácticamente absoluta.

A pesar de este fracaso sistemático y por lo tanto inevitable, se manifiesta en estas pequeñas narraciones un exceso de energía vital

---

1. Al decir "controles inefectivos" me refiero a la voracidad desvergonzada de los agentes de las diversas unidades de la policía de tránsito de Los Ángeles y alrededores. Escondidos en multitud de lugares que una lógica de movilidad racional no puede prever, o en alguna falla del sistema que pondrá en "falta" al conductor, en muchos casos "fabrican" las "infracciones" que producen, cobrando multas absurdamente elevadas por realmente ninguna causa (pero que resultan una suculenta fuente de ingresos para los municipios).

que las vuelve desafiantes frente al modelo estructurador. En algunas de ellas se hace patente una energía biopolítica que se enfrenta a las inscripciones del "deber ser" del sur de California y a las jerarquías capitalistas trazando modelos posibles de resistencia parcial. Por eso iniciamos el volumen con la formulación "otras voces" y "nuevas identidades"; no encontramos aquí grandes modelos revolucionarios ni grandes gestas políticas. Incluso, sin una mirada profunda, podríamos pensarlas como historias individuales y perder de vista su mayor mérito: manifestar desde la intrahistoria problemáticas esencialmente colectivas. En este sentido estas voces diferentes expresan la cara oculta y más verdadera del sur de California y desafían y relativizan el repertorio de imágenes que comienza con la cinematográfica (omnipresente) hilera de palmeras y la luminosidad veraniega que emana de ellas.

Éste es otro punto en el cual el presente libro se encuentra en un espacio fronterizo. Si dejamos de lado por un momento las narrativas de testigos del Holocausto (u otros genocidios) o los testimonios judiciales (discutiré estas generalidades en la parte 3 de este prólogo, "Algunas nociones teóricas"), el género testimonio tal como ha tendido a ser percibido por los estudios culturales latinoamericanos (y constituido en la academia estadounidense) se caracteriza por centrarse en una sola autobiografía narrada por alguien que ha protagonizado experiencias de tremendo sufrimiento y/o ha sido actor social de significativa relevancia en alguna confrontación histórico-política. En este sentido los textos canónicos son *Biografía de un cimarrón* (edición de Miguel Barnet de la narración de Esteban Montejo, ex-esclavo y soldado en la lucha independentista cubana), *Si me permiten hablar...Testimonio de una mujer de las minas de Bolivia* (edición de Moema Viezzer de la narración de Domitila Barrios) y *Me llamo Rigoberta Menchú y así me nació la conciencia* (edición de Elizabeth Burgos de la narración de Rigoberta). Esta testimoniante ha recibido el premio Nobel de la Paz en 1992 y su testimonio ha sido reeditado decenas de veces en decenas de lenguas. Tanto su figura política, como su testimonio y las condiciones de su producción han suscitado inmensas cantidades de escritura crítica y teórica.

Comparadas con semejantes modelos, las doce voces que narran en Otras voces podrían verse disminuidas al punto de proponerse que no pertenecen al género testimonio y que sus relatos particulares tienen una relevancia ínfima. Sin dejar de apreciar (inevitablemente) el inmenso aporte significativo de los tres testimonios mencionados (y otros igualmente integrados en el canon testimonial) a la cultura latinoamericana del último cuarto del siglo XX, quisiera enfatizar que las mini-narraciones del presente volumen, sin dejar de ser testimonios y, justamente, por no construir figuras monumentales nos ayudan a restablecer, desde una subalternidad no canonizada y no heroica, algunas de las ocultas verdades esenciales de un momento y lugar puntuales devolviéndole su historicidad. Tal vez, abriendo la puerta para un cambio, al menos al nivel de las percepciones del entramado social y, sin ninguna duda, desafiando a los relatos hegemónicos del video-clip y la publicidad.

Si no muchas, algunas de las temáticas expuestas por los mini-testimonios han sido reelaboradas y ficcionalizadas por la industria cinematográfica con integridad, éxito y vigor diversos. Mencionaré algunos títulos demostrativos del avance de estas temáticas a públicos más extensos: *El norte* (1983, Gregory Nava), *Voces inocentes* (2004, Luis Mandoki), *De nadie* (2005, Tin Dirdamal), *La misma luna* (2007, Patricia Riggen) y *Sin nombre* (2009, Cary Fukunaga). Como puede observarse, salvo la genuina y eficaz película de Nava (1983) el resto de los filmes han sido realizados ya entrado el siglo XXI. Este hecho demuestra que las temáticas que desarrolla el presente libro muy recientemente están logrando penetrar la esfera del imaginario social regional y configurar personajes y tramas que obviamente se subordinan a perspectivas ideológicas diversas. Considero que de un modo desparejo y entremezclado, en general, con buenas intenciones, el único filme que logra escapar a las lógicas estereotipificantes de la maquinaria industrial y las trampas estéticas hollywoodenses es el documental testimonial *De nadie* (2005, Tin Dirdamal). Los otros filmes no logran desprenderse del exotismo y de la mirada de la clase media angelina y/o mexicana realizando una construcción "del Otro" supeditada a la sintaxis y estructuras de sentimientos de la "parte bien intencionada" del discurso hegemónico.

Es ese respeto a la identidad, la perspectiva y la voz propia del subalterno y el abandono de los mandatos estéticos que imponen tanto las industrias culturales como el gusto presupuesto del público espectador lo que hacen de *De nadie* (2005, Tin Dirdamal) una obra intensamente conmovedora y reveladora de los aspectos de la realidad que no pueden representarse en los carriles de comunicación prefijados por la discursividad hegemónica.

Desde un aparato de producción mucho más modesto y desde un medio de expresión fundamentalmente no icónico *Otras voces* intenta recuperar las voces pequeñas, y tal vez por ello tan auténticas, de aquellos seres que se aproximan a ser "nadie" cuando cuentan sus historias.

El último punto en que este libro es fronterizo es justamente en su ubicación territorial y geopolítica. Éste se sitúa en el borde más "occidental" entre México y EE. UU.; entre el inglés y el español; entre la resistencia y la asimilación; entre la pobreza y el despilfarro obsceno: un espacio conflictivo que abre muchas preguntas sin permitir formular respuestas articuladas, un sitio esencialmente contradictorio que con empecinamiento se esfuerza en no percibirse como tal.

2. Las condiciones de posibilidad para la realización de Otras voces

California State University, Los Angeles, de cuyo Departamento de Lenguas y Literaturas Modernas soy profesor, es, decididamente, lo que podría llamarse una universidad popular: los costos de inscripción y cursado son relativamente bajos y están extendidamente sostenidos por programas de ayuda financiera. Los programas académicos que ofrece la institución llegan como máximo al nivel de maestría y los docentes obtienen, sin entrar en detalles, muy poco tiempo y estímulo para la investigación. En la misma línea un alto porcentaje de estudiantes se encuentra haciendo *"remedial courses"* y los requerimientos académicos para ingresar a la universidad son notablemente bajos. Conjuntamente con este cuadro general hay un par de datos que a primera vista y dependiendo de quién los evalúe podrían ser negativos: en rigor estos factores son, en mi opinión, los que salvan o al menos le dan una oportunidad de alcanzar niveles de producción respetables a mi área específica de investigación y enseñanza, los "estudios culturales hispanoamericanos".

En primer lugar se trata de una institución predominantemente "hispana" (el porcentaje de alumnos que se identifican como hispanos se acerca de un modo creciente cada año al 60%). Esto produce que muchos de los estudiantes de cursos superiores (y/o graduados) cumplan al menos con dos requisitos fundamentales para ese nivel de trabajo académico: a) un dominio del castellano muchas veces coincidente con el del hablante nativo "culto" y b) un interés étnicamente reivindicativo respecto a los temas tratados. En segundo lugar, la universidad está localizada en el límite entre El Sereno, Monterey Park y Alhambra. Puede decirse que no es exactamente *"East L.A."* pero indudablemente una considerable fracción del alumnado vive en *"East L.A."*; es decir, en el reverso del elegante *"West Side"*, en un espacio complejo, "latino" y subalterno que, muy frecuentemente, la hegemonía oculta y criminaliza. Como un hecho significativo, que yo he constatado personalmente, cabe mencionarse que algunos de los mejores estudiantes del programa son, a veces, "indocumentados". Se trata de un espacio de encuentro social configurado por inmigrantes ("documentados" o no, en gran parte mexicanos), hijos y hasta nietos de inmigrantes, anglófonos "blancos" que practican una voluntariosa y afectiva solidaridad por Latinoamérica, y miembros de muchas de las diversas minorías en que se desmiembra lo caribeño, lo centroamericano e incluso lo sudamericano. Es un hecho incuestionable que las redes sociales que se aproximan o directamente envuelven a un considerable segmento de los alumnos son óptimas para investigar la subalternización del "Otro" en la frontera sur de California.

Otras voces es un libro colectivo, pero no solamente en el sentido de que reúne los trabajos de catorce recolectores-transcriptores, doce testimoniantes y tres editores: el proceso que lo hizo posible involucra intercambios y discusiones con personas que finalmente no terminaron siendo colaboradoras directas del libro final. Los doce textos que integran el volumen fueron escogidos de entre aproximadamente cincuenta trabajos finales de los estudiantes correspondientes al dictado 2008 y 2009 de la asignatura "Testimonio hispanoamericano". Una materia que yo mismo diseñé con el objetivo de poner al día un repertorio de cursos excesivamente subordinados a una visión tradicionalista de las humanidades y en el intento de vincular a la "Universidad" con la "Vida" en sus aspectos más elementales y, por eso mismo, menos visibles. En este sentido el libro no es una antología de los trabajos que responden a algún tipo de "excelencia académica" en la modalidad tradicional. En rigor, los tres criterios fundamentales de selección aplicados fueron: a) el género, es decir, la confección de un texto que fuera un "testimonio" y no un relato literario o autobiográfico, teniendo en cuenta la elaboración de un entramado discursivo que se constituyera ante la percepción del lector como oralidad, es decir, como la voz de una persona presente, b) el tema desarrollado por el texto debía ser colectivamente relevante, en otras palabras, extenderse más allá de los intereses individuales del testimoniante, vinculando la región geográfica y geopolítica que representa el libro y desplegando las circunstancias de una experiencia existencial significativa e interesante y c) por último, cuando las temáticas de fondo se repetían, la alternativa de elección se realizó a partir de la representatividad de los textos en cuestión; aquel que representara con mayor intensidad el problema enfrentado y cumpliera con los requisitos del género (la presencia de la voz y la relevancia colectiva de la narración) terminaba siendo el testimonio elegido.

Sin desmerecer a ninguno de los textos que componen *Otras voces,* resulta sorprendente, en mi opinión, constatar la aguda contundencia con que algunos de ellos inmediatamente nos conmueven y desarticulan las certezas de nuestros esquemas existenciales. Textos como "La condición subalterna de la homosexualidad femenina" (Rocío Cruz y Miriam García), "Infancia, fusiles y balas" (Thania Muñoz y Henry Dubón) o "Infancia deshilachada" (Marisol Montaño y Alejandro García) creo que se integran cómodamente en los sectores más intensos de la testimonialidad hispanoamericana.

Considero pertinente especificar el entrenamiento que recibieron los "recolectores-transcriptores" para poder lograr la confección de sus testimonios, los cuales en un primer momento, en tanto documentos originales (considerablemente alterado por el posterior proceso de corrección-edición e incorporación al libro –que involucró en algunos casos más de diez relecturas-) les sirvieron para aprobar, en su calidad de proyecto general del curso y trabajo final, la asignatura "Testimonio hispanoamericano". Básicamente debo explicar en qué lecturas y tipo de trabajo consiste dicho curso.

En primer término, dentro de una atmósfera deliberativa e interactiva, se procesa una noción amplia pero sólida del concepto del testimonio hispanoamericano como un género discursivo. Para este primer paso, utilizo los artículos de John Beverley "The Margin at the Center: On Testimonio" y "Second Thoughts on Testimonio" tal como aparecen en *Against Literature* (1993). Estos podrían parecer poco actualizados pero de hecho el primero de estos textos ensayos aparece nuevamente recopilado por Beverley en *Testimonio: on the Politics of Truth* (2004). Siguiendo esta línea predominantemente teórica discutimos las propuestas de Ángel Rama en *Transculturación narrativa en América Latina* (sin entrar en los problemas de *La ciudad letrada*) y las nociones de "Eurocentrismo" y "Modernidad" de acuerdo a las ideas planteadas por Enrique Dussel. Por supuesto, no dejan de comentarse las, aparentemente, obligatorias proposiciones de Gayatri Spivak. En función de matizar los considerables niveles de abstracción de las discusiones precedentes y para empezar a atrapar de un modo más concreto y práctico los procesos de elaboración del género testimonio, estudiamos la introducción de Miguel Barnet a la *Biografía de un cimarrón*, la de Elizabeth Burgos al afamado libro de Rigoberta Menchú y las sorprendentes y complejizadoras revelaciones de Arturo Taracena tal como aparecen recopiladas en *The Rigoberta Menchú Controversy* editado por Arturo Arias.

De forma simplificada, el modelo inicial (siempre sujeto a discusión) al que llegamos (y a partir del cual los estudiantes pudieron empezar a preparar la recolección de sus propios testimonios) propone que las sociedades latinoamericanas son heterogéneas y que, más allá de las múltiples variedades observables, puede señalarse, anclada en el desarrollo histórico de dichas sociedades, la tendencia a la polarización entre un grupo subalterno y un grupo dominador. Esta opresión se despliega tanto en el terreno material como en la esfera simbólica estableciendo un entramado de dominación en el que los dos ámbitos resultan prácticamente indisolubles. De acuerdo a este modelo, el texto testimonial se produce cuando un integrante de la esfera subalterna relata su historia oralmente (en tanto historia que representa a su oprimido grupo de pertenencia social) a un miembro del grupo dominante, es decir un intelectual mediador, el cual transcribirá la narración subalterna de tal modo que se configure como un texto letrado libre de elementos estigmatizadores. El testimonio producido es a la vez un elemento perteneciente a la cultura predominante y un instrumento que apunta a la anulación de la asimetría social. Debe destacarse que para que la representatividad del subalterno y el poder transformacional del texto realmente se produzcan, el intelectual mediador debe invertir las jerarquías de dominación habituales y permitir que las entrevistas, su des-grabación y la confección del libro estén regidas, en la mayor medida posible, por la lógica y la agenda político-existencial del testimoniante subalterno.

Si bien éste es un modelo que dilucida gran parte de los testimonios centroamericanos y andinos, en mi opinión, numerosas producciones testimoniales no responden a sus pautas de realización y quedan por lo tanto excluidas del género. En parte por ese motivo, después de esta primera elaboración teórica, las actividades del curso continúan con el estudio de obras maestras testimoniales que muy difícilmente podrían ajustarse a los principios básicos del modelo delineado en un primer momento. De este modo (además de la investigación de los tres clásicos mencionados) los estudiantes analizan y debaten textos escritos tales como memoriales y cartas de Bartolomé de Las Casas, *La noche de Tlatelolco* (1971) de Elena

Poniatowska y el *Nunca más* (1984) de la Comisión Nacional de Desaparición de Personas (Argentina) y filmes como *El otro Francisco* (1975) de Sergio Giral, *Chile, la memoria obstinada* de Patricio Guzmán (1997), *La toma* (2004) de Naomi Klein y Avi Lewis y *En el borde. El feminicidio en Ciudad Juárez* (2006) de Steev Hise. De este modo, además de estudiar materiales extremadamente significativos, los participantes del seminario pueden considerar modelos testimoniales que no sólo difieren entre sí, sino también de las propuestas teóricas iniciales. Esta exposición a una "teoría" y a un "canon" de la testimonialidad les abre la posibilidad de problematizar y replantearse sus propias "prácticas" al momento de producir su trabajo final.

Cito a continuación un tramo de las instrucciones para esta tarea tal como aparece en el plan de estudios del curso: "-Trabajo final de 8 a 15 páginas a doble espacio de acuerdo con las pautas de los relatos testimoniales analizados en clase. El trabajo debe basarse en experiencias personales (de ser posible de alguien próximo al recolector-transcriptor, alguien a quien el testimoniador pueda realizarle entrevistas grabadas) de abuso de poder, discriminación (por género, orientación sexual, origen nacional y/o rasgos físicos, "raza", religión, edad, clase social, etc.). Los hechos narrados deben aspirar a acercarse lo máximo posible a "la verdad". Pueden ocultarse o cambiarse nombres por cuestiones de seguridad de los/as afectados/as".

Me interesa concretamente destacar, dentro de este rudimentario e introductorio conjunto de instrucciones, la insistencia en la conveniente "proximidad" entre el "intelectual mediador" y el testimoniante. Pareciera tratarse de una cuestión práctica: más allá de las cintas grabadas, el conocimiento de los giros lingüísticos típicos del narrador "subalterno" por parte del entrevistador permitiría lograr un texto que captara más acertadamente la voz narradora en el corto lapso de un trimestre universitario. Pero más allá de la conveniente practicidad que dicha proximidad acarrea, aquí entra en juego la noción del espacio pluralmente fronterizo que California State University, Los Ángeles encarna y la peculiaridad de su alumnado, que se aproxima a redes de relaciones sociales subalternizadas, a espacios que frecuentemente la hegemonía oculta y criminaliza.

Esta "proximidad" entre el testimoniante y el transcriptor que parece ser una ventaja evidente, y así queda demostrado en varios de los textos reunidos en el presente volumen, puede resultar intensamente riesgosa y llevar al texto producido a los bordes del género.

Enfocaremos con claridad esta problemática en el segmento 5 de este prólogo "Cinco problemáticas y sus voces expresivas". Hasta aquí queda, entonces, descrito y explicado el proceso que produjo la materia primigenia, los doce relatos originarios a partir de los cuales los editores configuramos el presente libro (este proceso de edición está comentado en la sección 4 de esta introducción: Elaboración y reglas de producción de *Otras voces*).

3. *Algunas nociones teóricas*

Intentaré ser breve, directo, claro y específico en este pequeño apartado que reelabora las nociones de testimonio y subalterno. Si bien indudablemente en el área geopolítica de los testimoniantes los procesos de colonización han creado sociedades marcadamente heterogéneas y relaciones de dominación, como la esclavitud y la encomienda, cuyas consecuencias son imborrables, considero que la complejidad de los procesos históricos involucra la necesidad de ampliar las nociones de subalterno y testimonio. Fenómenos tales como la colonización del imaginario, el cipayismo,[2] la rivalidad entre grupos oprimidos y la acción de figuras tales como Bartolomé de Las Casas, Álvar Núñez Cabeza de Vaca o José Martí ponen en cuestión la condición de irrevocabilidad absoluta de la dicotomía maniquea entre las esferas oprimida y opresora.

En mi opinión, en líneas generales, la bibliografía sobre el tema ha tendido a "esencializar" la categoría de subalterno inclinándose a dejar de lado su condición de resultado de un proceso "existencial".[3] Aún siendo producidas históricamente, las circunstancias del esclavo (esclavizado) o del encomendado poseen un matiz de irreversibilidad del cual carecen muchos de los sujetos subalternados. Por otra parte la categoría de subalterno es por su propia lógica constitutiva una categoría relacional: un subalterno determinado puede ser simultáneamente opresor de otros. Lo que resulta aún más interesante, el subalterno realiza su testimonio, entre otras motivaciones, para que él o su grupo de referencia dejen de ser subalternos. El mismo John Beverley, en su ensayo "The Real Thing", recopilado

---

2. Los cipayos eran nativos hindúes que trabajan al servicio de las tropas de ocupación británica hasta la independencia del país.

3. Esencializar es considerar la relación Subalterno-Opresor como irreversible y dada por naturaleza, mientras que existencializar consiste en considerar la relación Oprimido-Opresor como coyuntural y subordinada a los desarrollos de diversos procesos históricos.

en *Testimonio. On the politics of Truth* (2004), formula algunas inspiradoras elaboraciones de esta última idea.[4]

Mi mayor problema con las posturas rígidamente dicotómicas y "esencializadoras" del sujeto subalterno es que dejan de lado a los sobrevivientes del Holocausto y otros genocidios, como por ejemplo los de las dictaduras del Cono Sur. Muchos de los testimoniantes del *Nunca Más* (CONADEP 1984) eran médicos, abogados o periodistas; personas que ni antes ni después de los años de la dictadura podrían ser consideradas subalternas. Esta ampliación necesaria, en mi opinión, del concepto de subalterno conduce, en consecuencia, a una mayor flexibilización de la noción de testimonio, la que no deja, sin embargo, de responder a una especificidad testimonial.[5] Para expresarlo con un ejemplo notablemente explicativo, aunque el libro de Rigoberta Menchú y el *Nunca más* son notablemente diversos por sus estructuras, procesos de elaboración, estrategias discursivas y muchos otros aspectos que sería extenso enumerar, poseen, de todos modos, una esencialidad común que los vuelve a los dos testimonios. Definiré esta especificidad al final del presente apartado y reforzaré la idea con algunas notas aclaratorias a lo largo del volumen.

Esta ampliación de la noción de testimonio incorpora algunos textos de Bartolomé de Las Casas, quien debe actuar como un subalterno cuando no puede, ante la amenaza de los encomenderos, asumir su obispado en el Virreinato del Perú y se ve obligado a marchar a Chiapas. A su vez, además de incorporar modalidades "literarias"

---

4. John Beverley ha sido mi maestro en Pittsburgh y tanto el presente trabajo como el curso comentado le deben muchísimo. No sólo es un brillante pensador y conversador, es además un intelectual que sin desmantelar la atmósfera de comunicación amistosa siempre está abierto a la crítica, el disenso y el intercambio productivo. Si bien no coincido con algunas de sus percepciones mi intención no es polemizar con el extenso proceso de su producción intelectual sobre este tema sino dilucidar el esqueleto teórico que sostiene mis presentes enunciaciones de la práctica testimonial.

5. El filme *The Reader* (2008) de Stephen Daldry realiza de un modo sugerente e incisivo una riesgosa ampliación de la noción de subalterno que enfatiza su carácter transitorio y existencial. Por otra parte, la trama de la película enfatiza a la oposición "cultura letrada versus oralidad" como una de las mayores herramientas de los procesos de subalternización. En una sorprendente, emocionante y paradójica vuelta de tuerca la narración termina haciendo de la analfabeta opresora una persona fanáticamente letrada y oprimida.

que eran normalmente excluidas del campo, la presente propuesta extiende la órbita discursiva testimonial al ámbito jurídico y a la problematización filosófica.

En la esfera de los estudios epistemológicos, el testimonio ha venido ocupando en los años recientes un espacio notable en investigaciones que estudian los mecanismos de producción social de la "verdad" y que entienden a este género discursivo no como el vehículo que comunica un conocimiento previamente existente sino como el mecanismo que revela y manufactura conocimientos previamente inexistentes. Los trabajos de Jennifer Lackey, entre muchos otros, resultan representativos de estas corrientes de pensamiento.[6]

Respecto al discurso jurídico, además del ya mencionado Nunca más resulta especialmente inspirador el reciente estudio de Franka Winter "Giving Voice to the Voiceless? Second Thoughts on Testimony in Transitional Justice". Muchos de sus argumentos contribuyen a consolidar la percepción de una "familiaridad" o unidad de fondo testimonial entre textos marcadamente disímiles. Citaré un fragmento de la página 93 de su texto ya que su poder de convicción en función de mis propios argumentos resulta contundente: "[there are] some important differences between trials and truth commissions crucial to the application of narrative testimony: while criminal trials are primarily directed towards individualized wrongdoers (and thereby tend to individualize atrocity) truth commissions address a collective subject... In contrast to criminal proceedings, which seek to restore a normative social order, truth commissions (at least officially) aspire to change society in its hitherto existing conditions" (Winter 93).

Creo que esta coincidencia entre el testimonio "literario" y el "jurídico", este configurarse como un discurso socialmente transformador que viene a destartalar las jerarquías de un orden social preestablecido y marcadamente injusto pueden constatarse en Domitila Barrios tanto como en Bartolomé de Las Casas. Al mismo tiempo el juicio criminal contra un individuo que ha violado las normas de una sociedad que desea mantener sus estructuras intactas,[7] se puede equiparar, en función del conservadurismo análogo, con "el relato autobiográfico" de un "triunfador" que ha logrado obtener su espacio de privilegio gracias a las normas y estructuras que rigen a

---

6. Para visualizar el desarrollo de algunas de estas propuestas, véase Lackey.

7. Por ejemplo el derecho de propiedad privada.

la sociedad en la que él ha triunfado. Entonces las dicotomías que esencialmente recortan el género, de acuerdo a esta lectura, son: representatividad individual y reforzamiento del orden social vigente versus representatividad colectiva subalterna y agenda transformadora de las jerarquías sociales.

Considero que hay muchos formatos textuales diferentes que pueden manifestarse como portavoces de las premisas genéricas propuestas: los mini-testimonios que se reúnen en *Otras voces* lo hacen, en algunos casos, de una manera admirable.

4. *Elaboración, peculiaridades y normas de producción de Otras voces*

El libro que estoy prologando difiere notablemente de una recolección de doce de los trabajos finales entregados en los cursos de "Testimonio hispanoamericano". En el nivel más obvio y elemental, que ni siquiera es necesario mencionar, se encuentran las correcciones ortográficas, de puntuación, de lapsus y errores tipográficos.

En este sentido el verdadero primer nivel de corrección consistió en encontrar un formato relativamente homogéneo y de efectos potenciadores que produjera, a la vez, un aire de familia entre los doce textos elegidos; una coherencia en las expectativas de lectura que deshiciera la notable diversidad y el caos producido por una pluralidad textual marcada por la diversidad. El formato textual al que llegamos fue el resultado de las numerosas lecturas repetidas y simultáneamente compartidas (en principio a la caza de los errores menores) por los tres editores. En función de la tarea de los recolectores-transcriptores, primeramente cambiamos la mayor parte de los títulos de los trabajos agregando precisión, claridad y expresividad emocional. También, eliminamos aquellos enunciados que fuesen fácilmente parodiables o dejaran en una posición de supuesta inferioridad intelectual a los testimoniantes. Enunciados tales como "Espéramos que haigan buena suerte" fueron eliminados o sustituidos por equivalentes semánticos neutros ("Esperamos que tengan buena suerte"). Pero el ámbito en el que se focalizó la lógica editorial fueron las inconsistencias, las reiteraciones irritantes, las inconcordancias gramaticales, los fragmentos incomprensibles, los vacíos informativos que era necesario llenar para que los relatos alcanzaran cohesión y coherencia. Toda esta operativa se realizó parcialmente en colaboración con los "recolectores-transcriptores" originales y conservando como objetivo primordial una revitalización genuina y honesta de la voz testimonial. En segundo lugar, unificamos el modo de presentar a los productores del testimonio. En tercer lugar, eliminamos los epígrafes originales, y los reemplazamos por fragmentos emitidos por los mismos testimoniantes. La estrategia era dar un adelanto significativo y seductor de la voz que se escucharía (leería) a continuación y resumir o enunciar, mediante un fragmento altamente significativo (pero sin revelar lo argumentalmente más movilizador del texto), lo esencial del testimonio. Luego, en cuarto lugar, incorporamos un "Esquema biográfico" para que el lector pudiera reordenar en cualquier instante relaciones interpersonales e itinerarios existenciales que por momentos podían resultar confusos. En quinto lugar, establecimos en muchos de los textos una "Introducción" que a continuación del esquema biográfico aporta una idea general acerca del tema y la problemática elaborada por el texto. Después de constituir este formato básico dividimos cada testimonio en tantas partes o capítulos como fuera pertinente en función de la claridad de lo narrado o la efectividad emocional-narrativa del texto. Fuimos especialmente cuidadosos con los títulos de estos fragmentos e intentamos, al elegirlos, ser claros y a la vez sintonizar con el tono de la materia relatada y, en la medida de lo posible, utilizar las palabras de los testimoniantes. Agregamos, también, elementos gráficos, fundamentalmente mapas y fotografías, que añaden contundencia y sustancia al material narrado. Las fotografías poseen una remarcable vitalidad emotiva y en muchos casos un denso valor testimonial por sí mismas. Por último, completamos los textos con notas al pie aclaratorias de vocabulario (dialectal) y de conceptos que, en algunos pocos casos, contrapuntean a la voz narradora estableciendo un cierto nivel de discusión con los testimonios de acuerdo a la necesidad de replantear aspectos teóricos.

Considero relevante destacar el cuidado y el criterio (ya comentados) con que trabajamos las voces originarias de los testimoniantes. Evitar excesivas redundancias (que algunas des-grabaciones muy fieles habían mantenido), o secuencias sintácticamente insostenibles o incomprensibles puede ser una operativa inaceptable en el ámbito de la sociolingüística pero necesaria en la lógica de constitución de un testimonio. Entendemos que muy lejos de traicionar a las voces narradoras este conjunto de operativas configuran el entrenamiento necesario para que la voz espontáneamente oral del testimoniante pueda pasar al registro escrito sin perder nada de su autenticidad y consistencia. De este modo los testimonios recuperan la concordancia con su contexto de registro (ahora letrado) y potencian su belleza y efectividad sin perder nada de su autenticidad.

Simultáneamente con esta compleja orquestación discursiva de las diversas narraciones yo elaboré diferentes constelaciones temáticas y lógicas de agrupación, que permitieran deshacer el caos de un conjunto de textos meramente apilados transformándolos en secuencias de relatos agrupados de acuerdo a lógicas significativas. El orden de los cinco capítulos y los testimonios tal como aparecen en esta versión definitiva es el resultado de algunas discusiones entre los tres editores y de las votaciones en que, por simple mayoría, se decidía cualquier detalle que presentara aspectos debatibles. Del mismo modo, los epígrafes que abren cada sección del libro, pertenecientes en su mayor parte a expresiones poéticas de la "alta cultura" occidental (paradójicamente todos citados de la web), fueron elegidos mediante el mismo procedimiento de votación en el cual yo presentaba un razonable número de opciones y entre los tres editores decidíamos qué texto resultaba más efectivo en cada espacio.

Es interesante destacar que Marisol Montaño y Sofía Wolhein son dos estudiantes de pregrado (en su mayoría los estudiantes de este curso son graduados) que escogí tanto por su excelente rendimiento académico como por su entusiasmo y creatividad habituales. Creo que su colaboración en el volumen excedió en mucho a una muy bien lograda co-edición de los textos de acuerdo a las pautas teóricas elaboradas durante el curso. Cabe acentuarse en sus actitudes intelectuales una remarcable ausencia de censuras "académicas" o marcadas por algún otro tipo de "sensatez" que inhibiera sus inspiraciones desprejuiciadas. Pero más allá de los beneficios de su flexibilidad epistemológica hubo en la colaboración de ambas una inmersión en la perceptividad o cosmovisión contemporánea, que, por diversas razones, resulta inevitablemente diferente a la mía. Esta perceptividad trajo consecuencias muy positivas para la elaboración de *Otras voces*. Sus perspectivas marcadas predominantemente por lo multi-mediático y lo icónico, pero a la vez respetuosas del mundo residual de la letra, el diálogo y la escritura, posibilitaron, entre otras cosas, la confección del formato hyperlink para la primera versión electrónica del libro y aumentaron considerablemente la cantidad de notas al pie de página que fueron percibidas como inevitables. Supongo que su contribución más notable y contundente consistió en el trabajo con las fotografías y la búsqueda y elección de elementos visuales, cuya enorme relevancia ellas advirtieron antes de que yo la percibiera.

Por último, volviendo a las normas de producción del volumen, todos los nombres de los testimoniantes que corrieran peligro ya fuera relativo al estatus inmigratorio o a cuestiones legales o judiciales fueron alterados en función de salvaguardar su seguridad personal. Evidentemente los hechos, circunstancias y lugares han permanecido intactos.

5. *Cinco problemáticas y sus voces expresivas*

Ante todo podría aclararse que este libro integra y narra doce experiencias marcadamente significativas. Sin renunciar a su valor científico, de ninguna manera pretende ser un muestrario de todas la "nuevas identidades en la frontera sur de California". En este sentido mucho menos intenta acercarse a valores estadísticos de representación de los diversos grupos inmigratorios que contribuyen a la producción de estas identidades. Sin embargo, como dato curioso, puede comentarse que la mexicanidad, aparentemente subrepresentada en el libro, en rigor no lo es ya que, a diferencia de la sociedad angelina en donde su mayoría es inmensa, en el programa de Español de CSULA, en algunos cursos los estudiantes mexicanos sólo llegan a ser una primera minoría. En general la cantidad de estudiantes de El Salvador suele ser mucho mayor (en este programa) de lo que en principio se esperaría.

Retornando, entonces, a las especificidades del género testimonial, podría decirse que en la organización del material narrativo se estableció un equilibrio entre las agendas de las voces subalternas (orales) y su representación en un discurso escrito y mediado por diversas instancias letradas. Las cinco problemáticas en que dividimos el libro ("Sexualidad en el borde", "Desintegración familiar", "Migrantes, tierra prometida y paraísos perdidos", "La violencia de los bordes" y "Entre el testimonio y la biografía") constituyen nudos temáticos preexistentes y, en alguna medida, previsibles al pensarse en la "configuración de nuevas identidades en la frontera sur de California". Sin embargo la constitución e identificación de estos segmentos del volumen se subordinó al formato y a las temáticas impuestas por una lectura minuciosa y persistente de los textos seleccionados. Es pertinente señalar que si bien cada testimonio concuerda de un modo certero e ineludible con la sección del libro en la que ha sido incluido, inevitablemente, algunos nudos temáticos esenciales para otras secciones del libro permanecen dentro su constelación expresiva. En este sentido un relato de migración seguramente incluirá remarcables referencias a la desintegración familiar y a la violencia, pero una lectura penetrante y persistente puede resolver equilibradamente cuál es el eje estructurador alrededor del cual se desenvuelve y construye cada narración en particular.

Antes de emprender el comentario específico acerca de cada sección y relato es necesario especificar que las notas sobre cada segmento tendrán una extensión variable y que no intentaré darle a cada testimonio un conjunto de focalizaciones equivalentes, ni en la profundidad ni en la longitud. En este sentido, el segmento del prólogo en curso sirve tanto para presentar a los testimonios como para discutir las implicancias teóricas que estos acarrean, este componente teórico es el que produce la disparidad en el tratamiento de cada texto y sección.

La sección primera, "Sexualidad en el borde", se enfoca en una problemática que, en general, suele evitarse o ponerse en último lugar. Puede decirse que la inclinación homosexual tiende a ser socialmente silenciada y desnaturalizada. Salvo aquellos estereotipos mediáticos que inducen a la simpatía y al despliegue de una existencia agradable, vivimos en un mundo de "no decir y no preguntar". Y en el caso concreto de California hemos sufrido recientemente la anulación regresiva y discriminatoria del matrimonio gay. Desde este punto de vista la homosexualidad está en el "borde", tanto en el final número 6 de la escala Kinsey, como en el de lo "realmente" aceptable en los discursos hegemónicos de "buen gusto". A este primer elemento de subalternidad fronteriza debe agregársele que las voces narradoras son las de, al menos en un comienzo, inmigrantes "ilegales"; es decir, seres humanos posicionados en el borde externo de la "Ley" aunque sólo se trate de (y justamente por ser) trabajadores. Como último rasgo caracterizador los narradores son centroamericanos, o sea miembros de grupos humanos muchas veces discriminados desde dentro de la ya discriminada comunidad "hispana".

El texto que abre el volumen, "La condición subalterna de la homosexualidad femenina" (testimonio de Miriam García recogido y transcripto por Rocío Cruz), desarrolla una emotiva y fascinante biografía que nos envuelve con total naturalidad y desprejuicio en un mundo que desafía a los aparatos publicitarios y a los esquemas "naturalizados" de las lógicas dominantes. Como su título lo indica el texto expone los mecanismos que colocan en una situación de notablemente mayor adversidad a la mujer homosexual que al hombre

homosexual, al menos dentro del grupo social de referencia al que
la narradora pertenece. Aunque no quisiera entrar en los detalles y
peripecias de esta conmovedora y absorbente narración considero
relevante señalar un par de puntos que expresan la internalización
inamoviblemente profunda de segmentos de pensamiento machista y religiosamente homofóbicos en la cosmovisión de la narradora.
Cito un breve fragmento sumamente elocuente (e incluso asombro-
so) en referencia al machismo: "Cuando tenía 12 años, por pendeja,
me metí con un hombre de 40 años, él no era feo, era muy alto y
blanco. (...) Aunque él nunca me hizo nada, pues nunca se propasó
en ese aspecto, tal vez porque sabía que yo era muy chica; sí me pedía que le hiciera el sexo oral". Cito ahora un fragmento que manifiesta la interiorización de la homofobia religiosa: "Vivimos juntas
por dos años. En el 95, por complacer a una vecina que nos insistía
tanto que la acompañáramos a su iglesia empezamos a ir con ella.
(...) Dejé de tomar y empecé a creer más en Dios y también a darme cuenta de todo lo mal que estaba haciendo con mi vida". Esta
aparente incongruencia y serpenteo de la subjetividad narradora le
otorga al texto una autenticidad única y un poder de desafío aún
mayor respecto a las lógicas machista y homofóbica parcialmente
internalizadas.

El segundo y último texto de esta sección "La identidad gay en
el otro lado" (testimonio de Miguel Vásquez recogido y transcripto
por Brian Bennitt) presenta una historia con momentos dolorosos
y difíciles que, sin embargo, no llegan a ser tan desgarradores como
los del relato anterior. Puede afirmarse que el relato en su conjunto
presenta zigzagueos ideológicos de una magnitud similar a los ob-
servados en el caso de Miriam García pero que no poseen absolutamente ninguna dimensión autocrítica en lo referente a la identidad
sexual del narrador. Ya de entrada, estas auto-percepciones diver-
gentes marcan por parte de los hombres homosexuales niveles de
sometimiento a situaciones obscenamente tortuosas muy inferiores
a las que padecen las mujeres homosexuales. El sonido de la voz narradora está notablemente bien transcripto y no deja de exacerbar
las aparentes bondades de una "América" hospitalaria y antidiscriminatoria frente a una Centroamérica supuestamente homofóbica
de un modo recalcitrante. Este "sueño americano" gay es un relato
posible, aunque muy repetidamente deja aflorar contradicciones
diversas y tiende a dejar de lado las esenciales diferencias socio-
económicas y socio-políticas entre "este lado" y el "otro lado". A esta
línea de imprecisiones alude la ambigüedad deíctica del título. Los

editores hemos agregado numerosas notas destacando los momentos en que el texto se opone a sí mismo y construye significados no previstos. Resulta significativo resaltar que el recolector-transcriptor es la pareja del testimoniante, contexto muy riesgoso que en algunos casos puede llevar a una situación de "doble audiencia", en la cual el narrador habla para diversos lectores potenciales y, simultáneamente, apunta de un modo directo a influir afectiva y psicológicamente en el mediador letrado. En este sentido resulta notable que el narrador elabora por momentos un discurso que, más allá de narrar, se constituye primariamente para formar parte del proceso de consolidación de la relación afectiva entre testimoniante y transcriptor. Cuando este transcriptor configura "la audiencia" privilegiada del relato el texto se aleja de la testimonialidad y se acerca a la autobiografía. Volveré a tratar más en detalle esta problemática en función del fragmento quinto del libro "Entre el testimonio y la biografía". A pesar de algunos fragmentos que apuntan a la "doble audiencia" no es éste el caso predominante en "La identidad gay en el otro lado". Por último, cabe destacarse que el testimonio lleva adelante una agenda socialmente transformativa y significativa al articular en una misma enunciación la lucha por los derechos inmigratorios y por el reconocimiento igualitario de la colectividad homosexual.

El segundo fragmento del libro, "Desintegración familiar", apunta a las consecuencias, desde el punto de vista de la cohesión familiar, que provocan fenómenos tales como las guerras civiles, la emigración económicamente impuesta y los procesos de aculturación. Es importante señalar, considerando la perspectiva general de estudios de la subalternidad, que la configuración de una familia y el disfrute de los lazos afectivos y el soporte psicológico que ésta brinda es uno de los primeros elementos de los que se ve privado el subalterno. Considerando la *Autobiografía de un esclavo* de Juan Francisco Manzano podría comentarse extensamente acerca de los procesos de pulverización de su vida familiar que debió padecer de un modo tan marcado y adentrarse en los mecanismos de distorsión de sus relaciones familiares que le fueron impuestos por sus diversos "propietarios". La descomposición y aniquilación de la familia de Rigoberta Menchú, para mencionar un ejemplo más contemporáneo, nos muestra la continuidad de esta estructuración social, según la cual la coincidencia de una identidad subalterna con un grupo familiar sustentador resulta al menos problemática cuando no imposible.[8]

El primer texto de esta parte del volumen, "Infancia, fusiles y balas" (testimonio de Henry Dubón recogido y transcripto por Thania Muñoz) es una narración elaboradamente poética que pone en primer plano una estética de la simplicidad. El referente es la Guerra Civil Salvadoreña contada desde alguien que fue un niño que por muy poco escapó de ser reclutado por las fuerzas armadas de El Salvador. El entrelazado de la voz adulta con la voz del niño así como la armonización entre ambas perspectivas constituye uno de los rasgos mejor logrados y más llamativos del texto. El mundo representado resulta terrorífico, nostálgico y emocionante a la vez. Los asesinatos del abuelo y el tío por parte de los escuadrones de la muerte y el subsiguiente desmembramiento auto-protectivo de la familia ponen de relieve la conflictiva asociación las nociones de familia y subalterno. A pesar de la abundancia de núcleos narrativos tan espantosos como "La muerte del 'Come-pan'" y la representación fidedigna del horror de la guerra, "Infancia, fusiles y balas" transmite una intensa vitalidad (e incluso por momentos alegría) asociada con el pasaje de la infancia a la adolescencia y con el paisaje de la naturaleza salvadoreña. También podría pensarse el texto, que sin ninguna duda posee los rasgos esenciales del testimonio, como una mini-novela de crecimiento.

El segundo texto de esta sección, "Infancia deshilachada" (testimonio de Alejandro García recogido y transcripto por Marisol Montaño) resulta de una intensidad emocional infrecuente. Al igual que el relato anterior se gesta y se centra a partir de El Salvador y su aterradora Guerra Civil y al igual que el relato anterior concluye en Los Ángeles. De un modo similar la narración entreteje con una maestría sin fisuras la confundida estructura de sentimientos del niño, su voz desesperanzada y la voz y perspectiva traumatizadas del adulto. A diferencia del relato anterior, la guerra no se manifiesta como el mal en sí mismo sino como la causa fundamental, pero relativamente mediata, de la pulverización de una familia. "Cuando hablan de El Salvador, la gente piensa luego luego en la guerra y no en las consecuencias que tuvo. Mi infancia fue la merita consecuencia de la guerra. A mí la guerra no me afectó tan directamente,

---

8. Quisiera remarcar que, más allá de las propuestas que sugieren que toda familia posee algún grado de disfuncionalidad de manera inherente, en este caso no nos enfrentamos a una problemática psicoanalítica sino a un nivel de abuso, muchas veces caprichoso, del subalterno que incluye separaciones, torturas y matanzas de miembros del núcleo familiar.

pero la perra pobreza sí" nos dice Alejandro García. Ingenuamente podría pensarse que estamos ante una mirada despolitizada y antihistoricista de aquel sanguinario proceso social. Sin embargo, en pocos textos puede encontrarse un cuestionamiento tan sólido y efectivo a la noción de niñez en tanto construcción comercial del capitalismo consumista y una puesta en escena tan clara del vínculo entre las diversas formas de organización familiar y las infraestructuras económicas en que se desenvuelven. Las cargas de energía existencial que en "Infancia, fusiles y balas" se resolvían de un modo positivo, ya sea como alivio del atormentador mundo de la guerra o como momentos constructivos de una subjetividad resistente, en "Infancia deshilachada" se vuelven siniestramente excesos de un círculo vicioso que hunde al narrador, cada vez más intensamente, en el alcoholismo infantil, el desequilibrio psicológico, el mundo riesgoso que oscila entre la "delincuencia" y la vida "ordenada" y, desde el punto de vista de los afectos profundos, duraderos y desinteresados, el desamparo más absoluto.

En "¿Qué dijo la abuelita?" (testimonio de Elia Leyva transcripto y recopilado por Jacqueline Martínez) nos encontramos con un mundo completamente diferente, un mundo que aparentemente y en relación con los otros testimonios podría pensarse como exitoso y de muy bajo nivel de conflictividad. Sin embargo, a pesar de la voz madura y calma de Elia Leyva y la ilusoria ausencia de "grandes" tragedias, la lectura del texto nos sumerge en la más brutal y penosa colonización de los imaginarios, en una forma de aculturación que desintegra una cosmovisión étnico-cultural y, en consecuencia, tritura, y esto es lo que más inmediatamente hiere a la narradora, su modelo de organización familiar. El texto pone en escena la perspectiva de la "abuelita mexicana", la representante de la primera generación de inmigrantes originarios de México con cuyos nietos, ya nacidos en Los Ángeles, no puede comunicarse, aparentemente a causa de su escaso dominio del idioma inglés. Podría pensarse que se trata de un problema lingüístico y que un mejor manejo de los idiomas castellano e inglés por parte de sus nietos o de ella conduciría a una resolución del problema. Leyendo "¿Qué dijo la abuelita?" se hace manifiesto que el problema es exactamente inverso: las fronteras idiomáticas existen porque primeramente se han consolidado las fronteras culturales e ideológicas. La testimoniante es explícitamente quien mantiene algo de la ya resquebrajada unidad familiar y lo hace, más allá del aislamiento, la soledad y la incomprensión, como parte de su programa de resistencia cultural. Elia, con su menor grado de "educación formal", puede (seguramente justamente por eso) visualizar y entender la discriminación contra los inmigrantes y los latinos mucho más claramente que sus descendientes. También puede pensarse este relato como un testimonio de los costos afectivo-culturales de los cambios sociales diacrónicos, que pueden resultar en otras formas de enajenamiento social. Elia nos dice: "De mis veintidós nietos sólo cinco conocen México [...] Ellos van a visitar a la familia por unos días y el demás tiempo se lo pasan en los lugares turísticos". Se entiende en el contexto del testimonio que los "lugares turísticos" son una extensión de los espacios "gringos". Por último la narración manifiesta con una voz calma pero rotunda que sin recuperación de los tiempos y los espacios "perdidos" es imposible alcanzar una identidad genuina en la frontera sur de California.

La sección tercera del libro, "Migrantes, tierra prometida y paraísos perdidos", trata la problemática más difundida, estudiada y socialmente representada de las que elabora este libro. Desde las manifestaciones de inmigrantes "indocumentados" en las calles de Los Ángeles a los "*minute men*" y los "*Broken Borders*" de Lou Dobbs, la inmigración "ilegal" resulta un tema ineludible y omnipresente en la esfera geopolítica representada por *Otras voces*. Las narraciones reunidas en ese segmento en gran medida desmienten la poderosa construcción ideológica del "Sueño americano" para manifestar, en cambio, la pesadilla en que éste comenzó a tornarse con el avance del siglo XXI.

El texto que abre la sección, "USA: un mercado laboral carnívoro" (testimonio de Víctor Sandoval recogido y transcripto por Juan Carlos Guerra) comienza justamente explicitando los términos de este equívoco: "Hay muchas personas que regresan de aquí y a veces le mienten a uno. Llegan diciendo que aquí se hace mucho dinero porque se gana bien y que hay mucho trabajo [...] A lo mejor a estas personas no les fue tan bien y quieren que otros vengan a sufrir igual que ellos". El relato de Víctor Sandoval puede resultar simbólico de las estructuras socio-económicas internacionales que regulan el tráfico inmigratorio "indocumentado" desde la perspectiva bioafectiva del subalterno. Víctor se arroja a un itinerario y a una serie de cruces fronterizos más que riesgosos porque debe repagar una deuda inexcusable: sus padres "habían tenido que empeñar las escrituras de la casa para conseguir dinero para el viaje"; propongo que el elemento alegórico de la anécdota resulta ostensible. Es importante destacar que la llegada y el esforzado intento de abrirse camino en EE. UU. no es el fruto de una intención individualista sino la consecuencia de un deseo y una necesidad familiar. Sus padres y sus dos hermanos (mayores que él) habían realizado innumerables sacrificios económicos para generar las condiciones de posibilidad para el viaje del narrador. Objetivamente, su derrota atroz y el daño horrendo que la consolidó no marcan el fracaso de Víctor sino el de toda su familia.[9] Extendiendo el significado del texto a un nivel de alegoría nacional podría plantearse como la pérdida del "brazo derecho" para las familias hondureñas más desposeídas.

El rasgo más inmediatamente logrado y más seductor del segundo texto de esta sección, "Alguien como yo" (testimonio de Cristina Rivera recogido y transcripto por Ana Cecilia Iraheta), es su configuración auditiva que lo hace sonar muy marcadamente como un texto de expresión oral. Pensando en la oposición entre el espacio letrado y el mundo de la oralidad y en el sometimiento de la voz a la letra se hace patente que la narración, con su repetitivo latiguillo auto-despectivo "alguien como yo", manifiesta al nivel de la intrahistoria, lo privado y lo doméstico, la humillación de la situación subalterna inmigratoria. Es importante destacar que la testimoniante establece con claridad, y a la vez con el auto-convencimiento que otorga la experiencia, que el eje que divide al opresor del oprimido no pasa, en este contexto fronterizo, por el color de la piel sino por la "la legalidad" de la situación inmigratoria: "Es que a la gente como nosotros la joden en cualquier parte, aunque uno sea blanco y tenga pelos de elote (rubio). Ya ves ella como es, chele igual que yo y de todos modos dice que allá los cubanos son bien racistas. La misma gente de uno es la que jode. A mí los gringos nunca me han hecho nada, mi propia gente es la que me ha hecho cosas". Por un lado, el texto grafica con rigor y a partir de experiencias cotidianas la creación, mediante las leyes inmigratorias, de un nuevo tipo de sub-humanidad y de actor laboral sin derechos (aún más allá del ámbito laboral). Por el otro, complejiza una lectura simplista de la noción de subalterno al poner en relieve las resquebrajaduras y los conflictos del pretendidamente homogéneo "bloque" hispánico. El relato de Cristina Rivera constituye un conmovedor y convincente alegato acerca de la lógica esclavista, la irracionalidad y el sufrimiento producido por las leyes inmigratorias vigentes.

El texto que cierra esta sección "El trauma del cruce como lucha

---

9. Dejo los detalles escalofriantes de su experiencia en el segmento tan convincente y vigorosamente expresado en su testimonio.

contra los factores naturales" (testimonio de Keiry León recogido y transcripto por Valentin González-Bohórquez) configura un relato que con sencillez y una bella tristeza se centra en los sufrimientos que implica el extenso viaje migratorio, en este caso desde El Salvador hasta Los Ángeles. A lo largo de ese periplo Keiry debe enfrentar una interminable serie de padecimientos: la sed, el hambre, el encierro, la imposibilidad de bañarse, las caminatas interminables por el duro desierto, la presencia amenazante de serpientes, lagartos y coyotes y por sobre todo el río traicionero. La narración del viaje, que tuvo lugar en el 2006, mucho más que el tono de un emprendimiento entusiasta hacia un futuro mejor adquiere, desde un comienzo, un tono de épica del fracaso. El fragmento en que Keiry se extiende acerca de su vida en Los Ángeles redobla su carga de melancolía. Cito un meditado fragmento de su testimonio que muy bien representa la estructura de sentimientos presente en todos los textos de esta sección: "Yo lo que pienso y digo es que nunca es bueno tomar la decisión de venirse porque la persona no imagina lo que va a sufrir [...] Pienso que lo mejor es luchar en nuestros países y no venir a arriesgar lo que ni con todo el oro del mundo podríamos comprar que es nuestra propia vida".

El segmento cuarto del volumen "La violencia de los bordes" vuelve a comprobar y reafirmar una de las propuestas fundamentales de *Otras voces*: la necesidad de cuestionar, flexibilizar y ampliar la noción de "subalterno" y, por lo tanto, la de "testimonio" en tanto género. En las tres historias contadas en esta sección del libro, la violencia, que podría ser considerada como uno de los principios rectores generales de las sociedades fronterizas, no se presenta como un ejercicio de abuso de un grupo privilegiado sobre víctimas ya socialmente determinadas a ser oprimidas sino como una forma de interacción social que regula y construye el entramado de relaciones entre diversos grupos subalternos. El pequeño recorte de tres narraciones que reúne este segmento resulta, a pesar de su brevedad, altamente representativo: dos de ellas enfocan la violencia pandillera, la primera de este lado de la frontera y la segunda del otro lado; la tercera narra un caso resonante de violencia familiar. Encontramos, entonces, caracterizaciones de la violencia colectiva tanto en el "espacio desarrollado" como en el "subdesarrollado", tanto en el ámbito explícitamente social como en el aparentemente particular de la familia.

La narración que abre este cuarto fragmento del libro, "Una brasa afuera de la hoguera" (testimonio de Gustavo Mojica recogido y transcripto por Michael Westbrook y Sofía Wolhein), relata de un modo notablemente mitigado y enfatizando los aspectos positivos, la autobiografía de un ex pandillero. El testimoniante es actualmente un activo colaborador de Homeboy Industries, un destacado centro de rehabilitación y ayuda en Los Ángeles para quienes quieren dejar esa vida de violencia o se encuentran en riesgo de caer en ella. El texto funciona simultáneamente como una historia de vida y como una propaganda de las reparadoras actividades de la institución para la que trabaja Gustavo Mojica. En este sentido y como en la mayor parte de los testimonios encontramos mucha información interesante y útil para empezar a pensar la problemática, pero más allá de enunciados de valioso sentido común no encontramos una reflexión abarcadora de la cuestión en sí. Quisiera destacar sin embargo dos elementos del testimonio que resultan de interés particular. El título que elegimos los editores, "Una brasa afuera de la hoguera" se refiere a la internalización y permanencia imborrable de las identidades subalternas, al menos hasta que se produzca un cambio social significativo que revolucione la repartición de identidades establecida desde la hegemonía. Cito las convincentes palabras de "Gus": "No salí de la pandilla cuando llegué a Homeboy Industries; una vez que eres un ganguero, siempre un ganguero. Como te ves, como caminas, como hablas. Pero ya no me junto con ellos; ya no estoy en la esquina con pistolas, vendiendo drogas. Ya no, eso no". El otro punto que quiero remarcar confirma el conflicto, ya elaborado en la sección segunda de *Otras voces*, entre subalternidad y vida familiar: el otro modo en que "Gus", además de su trabajo en Homeboy Industries, intenta deshacerse de su identidad "ganguera" es estableciendo una familia: "Tengo dos hijos, los amo, son todo para mí". El testimonio cuenta, además con notas informativas adicionales acerca del tema de las pandillas que resultan pertinentes y relevantes.

El segundo testimonio de esta sección, "Las cicatrices del camino" (testimonio de María Rivas recogido y transcripto por Henry Dubón) es, en principio, un relato de migración pero está tan marcado por la violencia que muy rápidamente advertimos que esta última constituye su eje dominante. Ésta es la violencia pandillera, inútil y arrolladora, que se despliega al otro lado de la frontera. Si en el relato de Gustavo Mojica encontramos eufemismo, mitigación, y un cierto idealismo, en la narración de María Rivas se produce, como en un espejo invertido, una focalización en los aspectos más sórdidos e hirientes. Si en el relato del borde estadounidense encontramos la producción de nuevas vidas, en el testimonio del lado mexicano-salvadoreño encontramos la concreción de muertes que no debieran haber ocurrido. Se trata de un texto enérgicamente conmovedor y testimonialmente muy convincente. Los núcleos narrativos fundamentales son el asesinato del padre de la narradora por parte de las fuerzas represivas salvadoreñas y la desaparición (hasta ahora definitiva) de su hermana menor por parte de los mareros en el trayecto inmigratorio hacia los EE. UU. Me interesa destacar la profunda producción de significados de unas líneas del texto que a primera vista pudieran considerarse meramente como alivio humorístico: "Cuando el muchacho vio que traíamos dinero, nos dijo que lo esperáramos allí, se desapareció y después vino con unos condones. Yo dije éste qué insinúa y me enojé, pero la amiga del muchacho me dijo que era para guardar el dinero. Ella me dijo que traía el dinero guardado en su cosa privada. Me dio pena, pero me dijo que era para que no se mojara el dinero y que los judiciales no nos fueran a desemplumar". En pocos fragmentos textuales he visto mejor expresada la lógica ponzoñosa del capitalismo en su modalidad más cruda y jerárquica. Del mismo modo puede plantearse que la anécdota formula una alegoría muy sugerente acerca del anti-erotismo del dinero, tema muy complejo para ser tratado aquí pero que no puede dejar de mencionarse al leer "Las cicatrices del camino".

El testimonio que cierra esta parte del libro, "Abuso, prisión y desarrollo humano de Rosario Muñoz" (testimonio de Rosario Muñoz recogido y transcripto por Victoria Infante) es en realidad una nueva desgrabación y reformulación (en función de los requerimientos del curso y reprocesada con los mismos pasos de edición que los otros textos del libro) de declaraciones y reportajes a Rosario Muñoz a los que Victoria Infante pudo acceder en su calidad de periodista del diario *La opinión*. Rosario Muñoz se transformó en una figura de la prensa policial de Los Ángeles durante el año 1987 al ser condenada a 15 años de prisión con posibilidad a cadena perpetua por asesinar a la amante de su marido. Leyendo el testimonio percibimos que la aparente victimaria era, en rigor, la víctima del abuso verbal, emocional y físico de su esposo. El denso machismo que tan eficientemente denuncia el relato se ve confirmado en la muerte de la amante: Rosario, en realidad, había apuntado el arma e intentado matar a su marido pero Julia de la Cruz interpuso su cuerpo y terminó siendo la víctima fatal del incidente. Del mismo modo, la relación de Rosario con su padre, que se desentiende de su hija y defiende al marido abusador, apunta a lograr un acabado perfil de los límites a los que puede llegar el abuso doméstico. Es interesante notar que la estadía en la prisión le permitió a Rosario reenfocar su existencia de un modo más creativo y provista, paradójicamente, de niveles mucho más altos de autoestima. La narración se configura como testimonio en tanto tiene como agenda la modificación de las normativas jurídicas en función de las situaciones de opresión y/o abuso sexista que muchas "victimarias" padecen con una frecuencia mayor a lo normalmente pensado.

La quinta y última sección del libro "Entre la biografía y el testimonio" cuenta con un solo texto: "Entre la 'biografía' y el 'testimonio', una configuración de los lazos familiares entre México y EE.UU." (testimonio de Enedina Sánchez recogido y transcripto por Norma y Estela Sánchez Márquez). Se trata de una narración extremadamente compleja y marcadamente extensa en comparación con los otros once textos que integran el volumen. El relato es muy valioso y logra impregnarse admirablemente de esa tonalidad oral que es uno de los rasgos genéricos del testimonio. Sin embargo, no puede afirmarse que todo relato oral y fidedigno configura automáticamente lo que venimos llamando un testimonio. En el caso de esta multiforme narración, que por momentos pareciera ser una elaboración alegórico-literaria acerca de las relaciones entre México y EE.UU., se percibe una ambigüedad genérica muy similar a la que ya habíamos advertido en el testimonio "La identidad gay en el otro lado" (21). Puede agregarse que esta ambigüedad, aunque produce efectos diferentes, tiene una misma causa: la extremada intimidad entre el testimoniante y el mediador intelectual. Si en el primer caso se trataba de una pareja en la cual había alguna sombra de conflictos potenciales, el peso de la focalización narrativa no recaía de manera definitiva en la tentativa de influir sobre su pareja e intermediario letrado. De este modo la agenda transformativa antidiscriminatoria continuaba siendo el centro de la configuración del relato. En el caso de la autobiografía de Enedina encontramos a sus únicas hijas (gemelas) oficiando de mediadoras letradas. El nivel de profundidad del vínculo entre testimoniante y transcriptores es incluso mayor que en el ejemplo anterior. Por otra parte, se trata de una ligadura irremplazable e irrenunciable (madre-hija). Si en el caso anterior hay momentos de "doble audiencia" en los que el intermediario letrado es el verdadero destinatario del discurso, en este caso las emisiones de doble audiencia son las que predominan en el texto. El relato de Enedina establece, sobre todo para sus hijas, pero también para su marido, al cual permanentemente descalifica (en mi opinión sin una justificación textualmente registrada), y para muchos otros "medios" parientes, cuál es la versión verdadera del pasado familiar, la cual pasa por el centro de sus propias experiencias, percepciones e intenciones. En el sentido en que lo propone John Austin en *Cómo hacer cosas con palabras*, gran parte de los enunciados emitidos por Enedina son "actos performativos", es decir que realizan una acción y no son evaluables desde el punto de vista de su verdad o falsedad.

La autobiografía de Enedina posee algunos pasajes que se insertan en el género testimonial con una remarcable belleza. En uno de sus múltiples cruces indocumentados (esta pluralidad relativiza la estatura mítica del pasaje de fronteras), el más importante desde el punto de vista de la construcción dramática del texto, rememora: "Si oye ruidos no se asuste, porque son otras personas que van igual que usted. No se asuste. No son animales, no son coyotes, no son nada que la vaya a atacar. Son personas que van como usted, corriendo, escondiéndose para pasar". Probablemente éste es uno de los momentos que mejor expresa una gesta colectiva y que, por lo tanto, más claramente transmite intenciones socialmente transformativas. Durante el resto del texto predomina (y son los momentos cargados de mayor emotividad) un diálogo encubierto con las hijas y mediadoras intelectuales. Este ensimismamiento en el propio sufrimiento individual y en la aclaración de los conflictos y los méritos personales dentro de la historia familiar, inclina el mayor peso textual de "Entre la 'biografía' y el 'testimonio'; una configuración de los lazos familiares entre México y EE.UU." bastante claramente hacia el terreno de la autobiografía. En rigor la narradora fragua su texto con una agenda transformativa social muy débil en función de las leyes inmigratorias. El punto sobre el cual ostensiblemente se extiende su agenda, y el relato se corporiza, es el de la relación con sus hijas. Parece obvio que el texto intenta cristalizar el repertorio de versiones "verdaderas" para la narradora acerca del pasado familiar; en este sentido no solamente no es un texto transformativo sino que, al contrario, se enuncia para solidificar (y evitar cualquier tipo de cambios en) el sistema de relaciones preexistente. Por supuesto que la lectura de un texto tan complejo puede disparar la aparición de significados no previstos en este análisis.

Este quinto y último segmento del presente prólogo-introducción, "Cinco problemáticas y sus voces expresivas", intenta, simultáneamente, presentar a los textos y elaborar brevemente las cuestiones teóricas que emanan de ellos. Después de observar los numerosos asuntos discutidos en la totalidad de este ensayo ya es tiempo de empezar a escuchar a las *Otras voces* y de examinar *su configuración de nuevas identidades en la frontera sur de California.*

Alejandro Solomianski

2009-2010, Los Ángeles

OBRAS CITADAS

Austin, John. *Cómo hacer cosas con palabras*. Barcelona: Paidós, 1982.

Barnet, Miguel. *Biografía de un cimarrón*. Barcelona: Ariel, 1968.

Beverley, John. *Against Literature*. Minneapolis: U of Minnesota P, 1993.

—. *Arguments in Cultural Theory*. Durham, NC: Duke UP, 1999.

—. *Testimonio: on the Politics of Truth*. Minneapolis: U of Minnesota P, 2004.

Burgos, Elizabeth. *Me llamo Rigoberta Menchú y así me nació la conciencia*. México: Siglo XXI, 2000.

CONADEP. *Nunca más*. Buenos Aires: EUDEBA, 1984.

Daldry, Stephen. *The Reader*. Mirage Enterprises, 2008.

Dirdamal, Tin. *De nadie*. Independiente, 2005.

Fukunaga, Cary. *Sin nombre*. Creando Films, 2009.

Giral, Sergio. *El otro Francisco*. ICAIC, 1975.

Guzmán, Patricio. *Chile, la memoria obstinada*. La Sep-Arte, 1997.

Hise, Steev. *En el borde. El feminicidio en Ciudad Juárez*. Illegal Art, 2006.

Klein, Naomi y Lewis, Avi. *La toma*. Barna Alper Produccions and National Film Board of Canada, 2004.

Lackey, Jennifer. "Introducción: Perspectives on Testimony". *Episteme: A Journal of Social Epistemology* 4.3 (2007): 233-237.

Las Casas, Bartolomé de. "Brevísima relación de la destrucción de las Indias"; "Apologética historia", "Memorial al Consejo de Indias". En *Idea y querella de la Nueva España*. Ed. y pról. Ramón Xirau. Madrid: Alianza, 1973.

Mandoki, Luis. *Voces inocentes*. Lawerence Bender Productions, 2004.

Manzano, Juan Francisco. *Autobiografía de un esclavo*. Detroit: Wayne State UP, 1991.

Nava, Gregory. *El norte*. American Playhouse, 1983.

Poniatowska, Elena. *La noche de Tlatelolco*. México: Era, 1971.

Rama, Ángel. *Transculturación narrativa en América Latina*. México, D.F.: Siglo XXI, 1985.

—. *La ciudad letrada*. Hanover: Norte, 1984.

Riggen, Patricia. *La misma luna*. Creando Films, 2007.

Spivak, Gayatri. "Can the Subaltern Speak?" En *Marxism and the interpretation of Culture*. Ed. C. Nelson y L. Grossberg. Urbana: U of Illinois P, 1988.

Taracena, Arturo. "Arturo Taracena Breaks his Silence". En *The Rigoberta Menchú Controversy*. Ed. Arturo Arias. Minneapolis: U of Minnesota P, 2001.

Viezzer, Moema. *Si me permiten hablar... Testimonio de Domitila una mujer de las minas de Bolivia*. México: Siglo XXI, 1977.

Winter, Franka. "Giving Voice to the Voiceless? Second thoughts on Testimony in Transitional Justice". *A Contracorriente* 6.3 (Spring 2009): 90-107.

SEGUNDA PARTE: SEXUALIDAD EN EL BORDE

Y sonríes seductora. Sí, esto
Aterra mi corazón dentro del pecho,
Pues tan pronto te miro un instante,
Como ya me es imposible decir una palabra,

Pues mi lengua desfallece; enseguida,
Un fuego sutil irrumpe bajo mi piel,
Nada veo con mis ojos, zumban
Mis oídos,

Se me esparce el sudor, un escalofrío
Me apresa toda, estoy más pálida
Que la hierba y me parece que
Falta poco para morir.
Pero todo hay que soportarlo, pues esto es así.

Safo de Lesbos

LA CONDICIÓN SUBALTERNA DE LA HOMOSEXUALIDAD FEMENINA

TESTIMONIO DE MIRIAM GARCÍA RECOGIDO Y TRANSCRIPTO POR ROCÍO ELENA CRUZ

En 1992, al año de haber estado aquí, Griselda me llamó y me dijo que quería decirme algo, le pregunté que qué era y me dijo "Me voy a casar, ya me comprometí", le dije que cómo era posible si ni siquiera me había dicho que tenía novio, también le pedí que rompiera el compromiso que yo estaba segura que no lo quería y me contestó "Sí, no lo quiero, sólo lo hago por compromiso y también porque quiero tener un hijo". Le dije que me iba a regresar y me dijo que no quería que me regresara. Al poco tiempo mi mamá me llamó y me dijo que ya se había casado. Yo siempre supe que lo hizo por complacer a su familia. Me dio mucha depresión porque siempre había pensado que Griselda era la persona con la que yo me iba a quedar por el resto de mi vida. Tomé como mensa por tres años. Tomaba hasta perder el control.

Miriam García

Esquema biográfico

Miriam García nació el 12 de marzo de 1968 en la ciudad de Guatemala. En 1976, a los ocho años fue violada por su primo. A los 16 años entabló su primera relación afectiva homosexual con Griselda Martínez, situación que dos años después la obligó a abandonar su hogar de origen. En 1991 inmigró a los Estados Unidos. Las razones principales que la llevaron a arriesgar su vida para llegar a este país fueron la discriminación de parte de su familia y de la sociedad a causa de su orientación sexual y la precaria situación económica en la que vivía en Guatemala. Una vez establecida en Estados Unidos inició otra relación de gran relevancia con Maritza en 1999, relación que concluyó dos años después con el casamiento heterosexual de Maritza. Actualmente Miriam trabaja de costurera en una fábrica

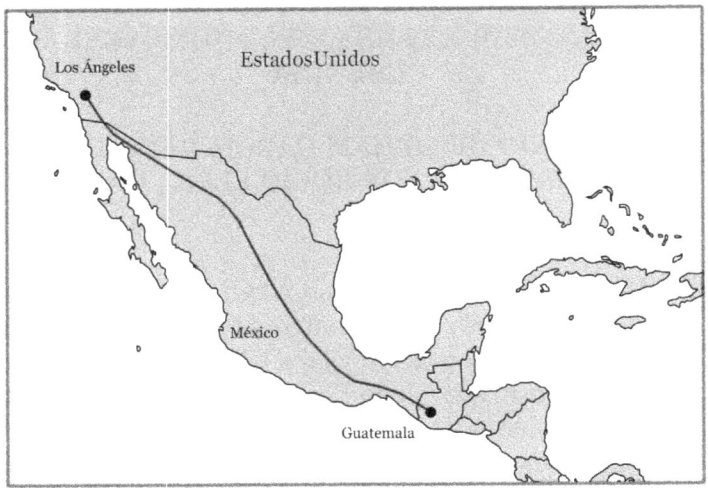

Viaje inmigratorio de Miriam García desde Guatemala a Estados Unidos en 1991 (escala 1 cm : 2503 km).

en Downtown Los Ángeles, California.

Introducción de Miriam García

Casi nunca le cuento nada a nadie cuando se refiere a mí, siempre me lo he callado todo. Me lo he callado porque las veces que he contado mi pasado y mi vida, siempre la gente me termina rechazando y alejándose de mí. También sé que lo que hago no está bien ante los ojos de Dios, aunque también, cuando me preguntan directamente que si me gustan las mujeres les digo que sí porque no me gusta mentir.

1. Sobre la infancia y los infiernos perdidos

Soy la cuarta de cinco hermanos. Mi mamá siempre fue muy protectora con todos pero mi papá era un borracho que sólo trabajaba para el vicio. Era zapatero pero nunca nos hizo un par de zapatos. Mi mamá compraba todo en la casa, se mataba trabajando de costurera, trabajaba hasta la una o las dos de la mañana y madrugaba a trabajar otra vez. Mi papá vivía con nosotros pero era como si yo no hubiera tenido padre. Me daba vergüenza decirle a la gente que él era mi papá. Quién sabe por qué mi mamá le aguantaba sus borracheras y sus gritos, bueno, creo que quería que tuviéramos "papá". Al final se dejaron cuando yo tenía 16 años. Fue cuando empecé a trabajar para ayudar a mi mamá. Siempre le tuve mucho rencor; hasta me vine a los Estados Unidos sin despedirme de él. En el 96, me volví cristiana y me enteré que estaba enfermo y le llamé para pedirle perdón. Los dos lloramos y dos semanas después murió. Un mes después se murió mi hermano, de tanto ver a mi papá tomar, se volvió borracho también y se murió de una enfermedad en el hígado. Siempre le echo la culpa a mi papá de esto.

A los ocho años me violó un primo, esto es muy difícil contarlo para mí. Mi papá borracho como siempre y mi mamá estaba trabajando. Por alguna razón yo no iba a la escuela todavía, empecé a ir cuando tenía nueve años. Como estaba sola en la casa decidí visitarla a mi tía para ver televisión, éramos vecinas. Cuando llegué, mi primo estaba viendo televisión solo, inocentemente me senté a ver televisión también. El se levantó, cerró la puerta de la casa, le dio más volumen a la televisión y me agarró de las manos acostándome en el sillón. Me subió la falda y me violó. Fue un dolor muy terrible, gritaba y gritaba pero nadie me oyó. Quedé sangrando pero no sé por qué no se lo dije a mi mamá. Sino hasta días después que un grano, parecido a una coliflor me empezó a salir en mi parte, me dolía tanto que se lo tuve que decir. Le dije del grano, no de mi primo, pero cuando me llevó al doctor, el doctor le dijo que si ya sabía que yo ya estaba teniendo relaciones, entonces le tuve que decir. Mi mamá empezó a llorar como loca (mi papá no hizo nada aunque mi mamá sí se lo contó), pero eso no fue lo único doloroso para mí. Lo más doloroso fue cuando me quemaron el grano. El doctor le dijo a mi mamá que la única manera de que ya no creciera era quemándolo. Bien me acuerdo que mi mamá me agarró las manos, una enfermera un pie, y el doctor el otro para que yo no me moviera tanto mientras me lo quemaban con una cosa de hierro calientísimo. Al salir del hospital no podía ni caminar.

Cuando tenía 12 años, por pendeja me metí con un hombre de 40 años. Él no era feo, era muy alto y blanco. Me prostituí yo misma, me doy cuenta y lo hice por ayudar a mi mamá. Fue toda mi culpa, me atonté y lo reconozco. Aunque él nunca me hizo nada, pues nunca se propasó en ese aspecto, tal vez porque sabía que yo era muy chica; sí me pedía que le hiciera el sexo oral. Era tan asqueroso, tal vez por eso hasta ahora me da un gran asco hacerlo. Después de cuatro meses me di cuenta de lo babosa que era[1], que decidí ya no verlo más. Me buscaba pero yo me escondía. Una vez me encontró en la tienda y me preguntó que por qué ya no iba, yo le contesté que ya no era tonta y que ya no le iba a creer lo que me decía. Entonces

1. Babosa: Tonta.

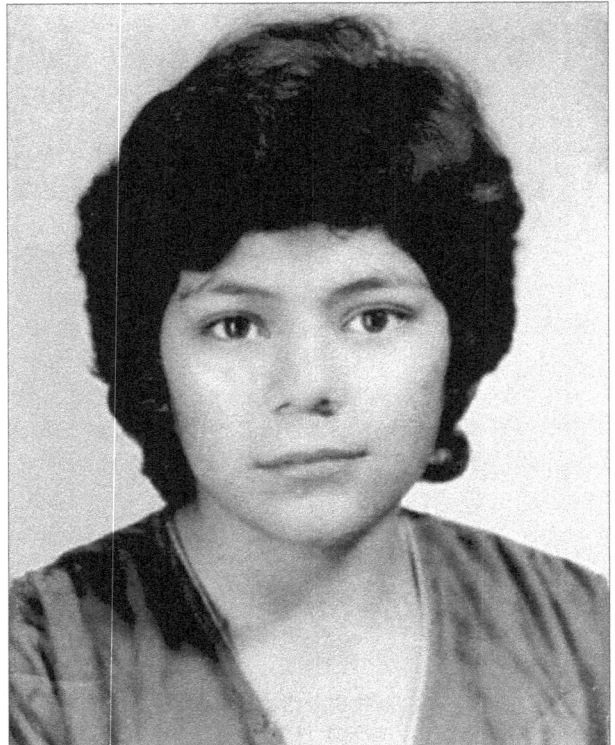

Miriam García a los 18 años.

él me dijo "entonces ahora ya te crees muy lista".

A los 16 años tuve un novio, Marco León Pinto, es el único "novio" que he tenido. Nunca sentí que lo quería, pero me gustaba. Duramos como unos seis meses porque nos peleábamos mucho. Él era muy brusco y machista como mi papá. Nunca me dejé. Un día, me tiró una cosa con filo aquí por mi ceja; todavía tengo la cicatriz, porque yo no quería tener relaciones sexuales con él. Me quería forzar pero me defendí, le arañé y le herí la cara cerca del labio; a él también le quedó la cicatriz. No sé por qué todos los hombres se quieren aprovechar de las mujeres y se creen bien listos, pero están tan pendejos.

2. Descubrimiento de su orientación sexual genuina

Conocí a Griselda desde la primaria, no me llamaba la atención, no éramos amigas y nunca le hablé porque era muy seria. Yo tenía muchas amistades porque me gustaban los deportes. Griselda no era muy amistosa. Tomábamos el autobús juntas, pero no nos hablamos hasta que salimos del sexto grado[2]. Nos hicimos muy amigas, ella se enojaba porque ella podía hablar por horas de su familia, sobrinos, y de todo; y yo sólo la escuchaba porque siempre he sido muy reservada. Nos sentíamos a gusto juntas. Un día, bien me recuerdo que estábamos en la parada del autobús, Griselda me dijo "Me gustás mucho y me caés muy bien". Yo no supe qué decirle, me agradó que me dijera eso, pero también me dolió por mi familia. Ese día me fui a mi casa llorando. A esa edad yo ya sabía que me daban asco los hombres pero no lo aceptaba. Otro día, Griselda me fue a buscar a mi casa, me preguntó qué pensaba acerca de lo que me había dicho, esto fue hace exactamente veinticinco años, yo le dije que sentía lo mismo y la abracé y la besé. Después de empezar a andar con Griselda fue cuando empecé a trabajar, tenía 16. Anduvimos a escondidas por dos años. Dejé de estudiar y empecé a trabajar en un almacén.

3. *Repudio y expulsión de los espacios familiares*

Cuando trabajaba en el almacén, tenía una libreta de contabilidad, la que también usaba como diario. Por desgracia, en esa libreta, tenía escrito todo lo que pasaba en nuestra relación con Griselda, todo, hasta nuestras intimidades. Un sábado me llevé la libreta a mi casa y la guardé en una gaveta. Al día siguiente fui por Griselda para ir a pasear, mi mamá encontró la libreta y leyó todo lo que yo había escrito. Después de leer esto, nunca supe exactamente cómo pasó, pero me imagino que mi mamá fue personalmente, porque no teníamos teléfono, a ver a la familia de Griselda y les contó todo lo que había leído. Al llevar a Griselda a su casa, la familia de ella nos gritó y nos dijo que cómo era posible que dos mujeres pudieran andar juntas, nos gritaron muchas cosas y me corrieron de su casa. Yo sabía lo que me esperaba en mi casa, pero mi mamá tenía visita, entonces no me dijo nada en ese momento. Cuando la visita se fue, mi mamá ya no estaba tan enojada, pero sí me gritó y me dijo que estaba loca y que necesitaba un psicólogo y que también necesitaba ir a la iglesia. Le dije que ya no lo iba a hacer, pero en realidad, la iglesia era un sitio muy apartado y con muchas pensiones alrededor, ahí era donde nos juntábamos con Griselda. Poco tiempo después, mi hermana le dijo a mi mamá que nos había visto juntas otra vez. Mi mamá se enfureció y me dijo "Si vas a hacer lo que se te dé la gana,

---

2. 15 años, cerca de cumplir los 16.

te me vas de la casa ya". Me pegaba bofetadas enfrente de la gente, y pobrecita mi madre, yo estoy consciente que ella tenía la razón pero terco que es uno. A Griselda le pegaron también, la mamá hasta la trató de matar. Agarró un cuchillo y decía que prefería verla muerta antes que verla con otra mujer. Lo bueno que su hermana estaba en la casa y la ayudó a que la mamá no la lastimara. En el forcejeo la señora hasta se cortó la mano al agarrar el cuchillo del lado filoso.

Nos fuimos de nuestras casas sin nada, sólo con dos mudadas para lavar y poner, lavar y poner. Rentamos un apartamento, no teníamos nada, cocinábamos con leña y dormíamos en el suelo. Poco a poco fuimos comprando cosas. Mi mamá me iba a buscar al trabajo sólo para ver si estaba bien, pero nunca aceptó mi relación y tampoco me dijo que regresara. Las dos trabajábamos y pagábamos todo y yo siempre ayudé a mi mamá. Vivíamos muy pobremente. Un día a Griselda la corrieron del trabajo y después ya no podíamos pagar los gastos. Aparte, los dueños, que eran "cristianos", se enteraron que éramos pareja, porque Griselda era muy gritona en la intimidad, y nos pidieron el cuarto.

4. *Un largo viaje y un pequeño cruce*

En 1991, como ya no teníamos a dónde ir ni dinero, le dije a Griselda que si renunciaba a mi trabajo, me podía venir aquí porque tenía una amiga que vivía en Houston. Le dije que iba a encontrar trabajo y que ahorraría dinero para pagar 50.000 quetzales que mi mamá debía de impuestos en la casa y también ya sea para traérmela o para abrir un negocio allá[3]. Y ella me dijo "Si yo entro a mi casa, yo ya no vuelvo a salir", como diciendo "ya no vuelvo a dejar a mi familia por vos". Pensé que no hablaba en serio, nos despedimos llorando amargamente. Me vine por tierra, la parte que fue más difícil de todo el trayecto fue pasar por Guadalajara. Allí unos soldados detuvieron el autobús en el que viajábamos y nos pidieron dinero. Ellos decían que bien sabían los que eran mexicanos y los que no. Como era de día, y nadie les quería dar dinero, un soldado disparó y las balas cayeron en las piedras. Nos revisaron, les robaron el dinero a mis compañeros y los deportaron. A mí no me encontraron nada, yo había descosido la lengua del tenis, abrí un hoyo y metí el dinero y lo volví a coser. Los coyotes también ya me habían aconse-

---

3. 50.000 quetzales era alrededor de 10.000 dólares. El salario de Miriam era de 200 a 400 quetzales semanales. Esto sucedía en 1988, los valores han sido actualizados a valores análogos para el año 2009 por la testimoniante.

jado qué decir. Los coyotes y yo fuimos los únicos a los que no nos deportaron. Nos cruzamos por San Isidro-Tijuana, todo fue rápido, un coyote me tomó de la mano corriendo y me dijo "No te soltés". Cuando oíamos los helicópteros nos metíamos en árboles huecos hasta que se alejaban. En San Diego, llegamos a un cuarto muy pequeño y sucio. Habíamos como veinte personas. Estuve sin comer por dos días. Nos llamaban de cuatro en cuatro para traernos a Los Ángeles. Nos metieron a los cuatro en la cajuela del carro, el calor era insoportable y no nos podíamos ni mover. Llegué a la casa de un primo, donde estuve menos de tres meses, después decidí mudarme porque su esposa y él me trataban muy mal y se aprovechaban de mí. Encontré trabajo pronto y empecé a pagarles alquiler, ellos decían que yo tenía que limpiar toda la casa, yo lo hacía pero aún así hablaban que yo no lo hacía bien. También no me gustaba que su esposa me registrara todas mis cosas.

5. Desengaños, penas y consuelos

En 1992, al año de haber estado aquí, Griselda me llamó y me dijo que quería decirme algo, le pregunté que qué era y me dijo "Me voy a casar, ya me comprometí", le dije que cómo era posible si ni siquiera me había dicho que tenía novio, también le pedí que rompiera el compromiso que yo estaba segura que no lo quería y me contestó "Sí, no lo quiero, sólo lo hago por compromiso y también porque quiero tener un hijo". Le dije que me iba a regresar a Guatemala y me dijo que no quería que me regresara. Al poco tiempo mi mamá me llamó y me dijo que Griselda ya se había casado. Yo siempre supe que lo hizo por complacer a su familia. Me dio mucha depresión porque siempre había pensado que Griselda era la persona con la que yo me iba a quedar por el resto de mi vida. Tomé como mensa por tres años. Tomaba hasta perder el control. Dejé de comunicarme con Griselda por muchos años. En el 2003 regresé a Guatemala a visitar a mi madre. En el viaje también visité a Griselda y vi que tenía cuatro hijos y que su esposo la abandonó. Griselda me confesó que nunca estuvo enamorada de él y que su único amor siempre había sido yo. También me dijo que su esposo la abandonó por otra mujer después de enterarse, por la misma Griselda, de la relación que hubo entre nosotras. Todavía mantengo contacto con Griselda pero lo único que hay es una excelente amistad.

En el 93 conocí a Cecilia, una señora que me doblaba en edad y otra vez volví a la otra vida. Vivimos juntas por dos años. En el 95, por complacer a una vecina que nos insistía tanto que la acompañáramos a su iglesia, empezamos a ir con ella. Era una iglesia cristiana que se llama Elim. Dejé de tomar y empecé a creer más en Dios y también a darme cuenta de todo lo mal que había y estaba haciendo con mi vida. Cambié por completo. Vivía con Cecilia pero ya no dormía con ella, al poco tiempo después Cecilia decidió regresar a vivir a México. Creo que estuve con Cecilia no por amor sino por venganza a Griselda, ni siquiera la extrañé cuando se fue. Iba a la iglesia y trataba de no pensar en Griselda y en las mujeres en general. Después me di cuenta que estaba perdiendo el tiempo asistiendo a la iglesia porque de todas maneras ni cumplía con lo que la Biblia dice.

En el trabajo conocí a Maritza. Maritza es muy bonita, nos hicimos muy amigas, pero yo sabía que Maritza no me haría caso porque tenía novio. Al poco tiempo dejó a su novio y nuestra amistad se convirtió en una relación amorosa muy bonita. El amor que yo sentía por ella era muy diferente al amor que había sentido por Griselda. Con Griselda hacíamos y experimentábamos muchas cosas, pero con Maritza todo era más tierno. Me enamoré profundamente de ella y ella también de mí. Pero lamentablemente ella, a pesar de tener 28 años, todavía vivía con sus padres y le importaba mucho lo que ellos y su familia pudieran decir. Después de un año, su familia empezó a sospechar de nuestra relación y le empezaron a decir cosas. Yo ya no podía llegar a su casa. Maritza, empezó a ser más déspota e irrespetuosa conmigo. Había días que me decía que me quería y que nunca se había sentido tan cuidada y querida por nadie, y que el placer que sentía al estar conmigo era algo que nunca se había imaginado. Pero también había días que me decía "Déjame en paz ya no te soporto". Hubo una vez que hasta una amiga del trabajo se dio cuenta cómo Maritza me trataba y me dijo "Miriam, ella no te quiere". Al poco tiempo, me imagino que por miedo a todos, renunció al trabajo y me dijo que ya no me quería más. El tipo de sexo que tuvimos ese día nunca lo podré olvidar, fue algo muy especial. Maritza cambió su número de teléfono y me puso una orden de restricción. Ella le dijo a la policía que yo le había pegado y que hacía drogas. Yo sabía a la escuela que Maritza iba, entonces al agarrar la orden de restricción la fui a ver y le dije: "¿Maritza, qué es esto?" Y ella me respondió "Lo siento, tengo que hacerlo aunque me duela más de lo que te imaginas, y por favor ya no me busques. Ya tengo novio y mi familia lo quiere mucho". Estas palabras fueron muy devastadoras para mí. Maritza llenó un reporte de policía diciendo que yo había violado la orden de restricción. Tuve que presentarme a corte y el juez extendió la orden de restricción por tres años, también me ordenó a tener tres horas semanales de terapia psicológica por un año y 200 horas de servicio comunitario donde me mandaban a limpiar las calles del *Downtown*. Aún así reconozco que amé a Maritza como nunca he amado a nadie y tal vez ya ni nunca pueda volver a amar así.

Desde que terminé con Maritza, me di cuenta que estoy destinada a no ser feliz, cuando he tenido amigas y les he contado mi vida me rechazan y se alejan. Yo sé que todo lo que hago no está bien ante los ojos de la sociedad y de Dios. Pero también me doy cuenta que les tengo asco a los hombres y que nunca pudiera vivir con uno. Todos son tan egoístas y machistas. Prefiero estar sola y, cuando se puede, tener unos acostones con chicas buenas, pero que tampoco se atreven a entablar una relación estable conmigo. En realidad no sé si yo también me atrevería a vivir con una chica y presentarla como mi novia aquí en este país. Los fines de semana salgo con amigos gays. Vamos al congal[4], un club de gente gay y nos divertimos mucho. Es el único lugar en donde me siento bien porque me aceptan como soy; pero al llegar el lunes otra vez, sigo con mi vida "normal".

---

4. "El circus" y "el arena" son las dos discotecas más frecuentadas por la testimoniante y sus amigos. Las dos son referidas como "el congal".

LA IDENTIDAD GAY EN EL OTRO LADO

TESTIMONIO DE MIGUEL VÁSQUEZ RECOGIDO Y TRANSCRIPTO POR BRIAN BENNITT

No sabía qué significaba "gay", solamente que sentía atracción hacia hombres, no hacia las mujeres. ¿Me entiendes? Sabía que había gente diferente, no diferente, pero gay. No estaba consciente de eso, tal vez por la inocencia de ser niño. Me gustaba jugar con Manuel, porque sabía que era como yo. Había algo. (...) Sabía que no me gustaban las mujeres mucho, pero tenía eso de que no fueran a saber, porque se burlaban de los... de los gays. ¿Me entiendes? Cuando miraban que pasaban esos gays muy llamativos, muy mujeres, los hombres los molestaban, les decían cosas feas, como dicen en México, mampos. Un mampito, dicen... cosas así. (...) No tenía el valor de enfrentar la situación, de decir "soy esto". Quería ser diferente... A los veinte años me casé con una mujer porque no estaba contento con lo que yo era. Por vivir en una sociedad donde... más que nada por temor a mis papás... que se avergonzaran de mí... que me rechazaran... no sé. Nunca me fue indiferente la mujer. Me parecía bonita, atractiva, bonito cuerpo, bonita muchacha. Puedo valorar la belleza de una mujer. No soy de los que dice que nunca tocaré a una mujer, porque lo puedo hacer. No me da asco.

Miguel Vásquez

Esquema biográfico

Miguel Vásquez nació en Tapachula, Chiapas, México el 1 de mayo de 1977. Emigró por primera vez a EE. UU. en abril de 2003. Fue a buscar a sus hijos a Honduras en marzo de 2008 a un pueblito a una

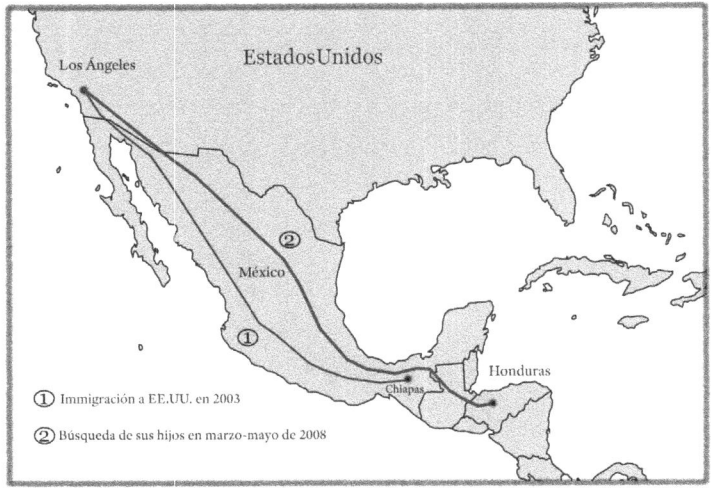

Viajes inmigratorios de Miguel Vásquez (escala 1 cm : 2503 km).

hora al oeste de Tegucigalpa y regresó a EE. UU. en mayo de 2008. Ahora reside en Los Ángeles con su pareja y sus hijos.[1]

Nota de los editores

Evidentemente, los lazos afectivos y familiares entre el testimo-niante y el transcriptor entretejen una serie de acuerdos, complici-dades y presupuestos en la configuración del relato. Por otra parte, elementos esenciales de la relación de pareja se regulan por la cons-titución misma del testimonio. Esto produce que los contenidos del relato queden subordinados a los efectos que lo narrado pudiera tener en la vida sentimento-familiar de los narradores involucra-dos. Desde este punto de vista, el siguiente texto se acerca peligro-samente a la categoría teórica textual de biografía o autobiografía. Esta alteración de la estructura testimonial mitiga marcadamente su poder e intencionalidad transformativa de la sociedad que aún, sin embargo, continúa teniendo.

Introducción

Los homosexuales forman un grupo social que todavía es margina-do a pesar de aprovechar de más libertad hoy en día que hace veinte o treinta años. En México, un país conservador (debido a varios fac-

---

1. Brian Bennitt, el recolector y transcriptor del relato de Miguel, es su pareja.

tores, pero principalmente al catolicismo que influye en la perspectiva de la gente), ser gay no es un estilo de vida fácil. Es más factible vivir una vida gay "fuera del closet" en las ciudades grandes como el Distrito Federal y Guadalajara que en los pueblos pequeños cuyas poblaciones son bastante conservadoras. Sin embargo, aún en los Estados Unidos, un país que se considera más liberal que México, la gente gay conforma una colectividad subalterna. Esto es evidente por una variedad de hechos, el más reciente de los cuales fue el voto en noviembre de 2008 para aprobar la Propuesta 8 en California, uno de los estados más liberales.[2] En la mayoría de los estados, se le niega a la gente gay el derecho de casarse, y con ello, los beneficios económicos y sociales que provee un matrimonio. Si bien se reconoce un matrimonio homosexual en un estado, este matrimonio no se reconoce a nivel federal.

Es cierto que la voz gay no es una voz completamente silenciada. No obstante, hay un grupo dentro de esta minoría cuya voz casi no se expresa. Esta voz es la de la persona gay que al mismo tiempo es un inmigrante indocumentado, a menudo llamado "ilegal". Éste no tiene los mismos recursos para facilitar su legalidad en los Estados Unidos que los indocumentados heterosexuales. Estos últimos tienen la opción de casarse con sus parejas si son ciudadanas y así, vivir legalmente en este país. Contrariamente, los inmigrantes gays, los que con frecuencia están escapando de las sociedades conservadoras de Latinoamérica, consolidan en los Estados Unidos relaciones estables, pero sin derechos.

Miguel es uno de esos inmigrantes.[3]

1. *Su familia original en Chiapas*

Crecí en una ciudad llamada Tapachula, al sur de la República Mexicana. Es frontera con Guatemala. Es... era pequeña, bonita. Era pequeña cuando yo era niño. La ciudad no empezaba a crecer todavía, no había tantas colonias como hay ahora. Somos seis hermanos: dos hermanas, cuatro hombres, y mis padres, somos ocho en total.

---

2. Los votantes de California aprobaron el 4 de noviembre de 2008 la enmienda a la constitución estatal que limita la definición de matrimonio a parejas de sexo opuesto y con ello eliminaron el derecho a parejas del mismo sexo a contraer matrimonio.

3. Evidentemente esta introducción ha sido cuidadosamente elaborada por el transcriptor. Nótese cómo la agenda pro-inmigratoria tiene muchos puntos de contacto con la agenda antidiscriminatoria en lo referente a la orientación sexual. (Nota de los editores)

Mi familia era de clase media.[4] Cuando tenía seis años vivíamos en una casa, más o menos grande con un portón verde. Mi hermano mayor, Mingo, trabajaba para una compañía, la cual le dio a cuidar la casa en la que vivíamos. No era tan grande pero tenía un patio bien grande allá atrás donde a veces jugábamos. Mingo dormía en su propio cuarto y nosotros en otro. Éramos siete. Él era mayor y quería su privacidad. Tú sabes, ¿no? Después de eso Mingo salió de trabajar para esa empresa y tuvimos que mudarnos y vivíamos en una vecindad. La vecindad era en el centro, cerca del mercado principal de la ciudad. En la entrada había un portón grande y entrando había casas o cuartos por todos partes. Nosotros vivíamos en la sección de abajo. A mano izquierda... no recuerdo si el cuarto era muy grande o pequeño. Tenía cocina, tenía sala, creo...y una recámara, creo, para ocho.[5]

2. La efervescencia de una orientación sexual diferente en Tapachula

Yo sabía que era gay cuando estaba en la primaria, en quinto año... No,... fue mucho más antes, cuando yo estaba en segundo año, creo. Recuerdo que conocí a un amiguito que vivía en una de las casas arriba, fuera de la vecindad. Era una casa, grande la casa. Tenía su sala, su cocina, varios cuartos. Manuel, se llamaba. Su mamá tenía una cantina. Él era gay también. Teníamos seis o siete años. Fuimos mucho a su casa para jugar y escuchar música. A él le gustó mucho una artista que se llamaba Rocío Banquells y fuimos a veces al centro a una discoteca donde compraba él los discos. A veces jugábamos en su casa, hacíamos cosas. Me gustaba mucho ir a su casa a jugar con él.

Manuel tenía dos hermanos, no me acuerdo de sus nombres, pero uno de ellos me molestaba mucho. Eran blancos ellos, simpáticos, más o menos. Ernesto, él fue quien me molestaba mucho. Me decía cosas nada más. Creo que sabía que su hermano era gay y, luego, yo era gay. Manuel era muy obvio, muy amanerado... cosas que yo no

---

4. De acuerdo a lo que se relata más adelante, la clasificación socioeconómica queda notablemente relativizada o quizás directamente descalificada. Se percibe el modo distorsionado en que el pasado suele perfilarse en las autobiografías. (Nota de los editores)

5. Considerando que se trata de una casa para ocho, sería muy difícil catalogarla como correspondiente a un estilo social de clase media. (Nota de los editores)

era, pero él era. Yo no era muy amanerado.

No sabía qué significaba "gay", solamente que sentía atracción hacia hombres, no hacia las mujeres. ¿Me entiendes? Sabía que había gente diferente, no diferente, pero gay. No estaba consciente de eso, tal vez por la inocencia de ser niño. Me gustaba jugar con Manuel, porque sabía que era como yo. Había algo.

Más tarde, con trece años, sabía que no era bueno. Sabía que no me gustaban las mujeres mucho, pero tenía eso de que no fueran a saber, porque se burlaban de los... de los gays. ¿Me entiendes? Cuando miraban que pasaban esos gays muy llamativos, muy mujeres, los hombres los molestaban, les decían cosas feas, como dicen en México, mampos. Un mampito, dicen... cosas así.

3. El modelo inicial de su núcleo familiar

No tenía el valor de enfrentar la situación, de decir "soy esto". Quería ser diferente... A los veinte años me casé con una mujer porque no estaba contento con lo que yo era. Por vivir en una sociedad donde... más que nada por temor a mis papás... que se avergonzaran de mí... que me rechazaran... no sé. Nunca me fue indiferente la mujer. Me parecía bonita, atractiva, bonito cuerpo, bonita muchacha. Puedo valorar la belleza de una mujer. No soy de los que dice que nunca tocaré a una mujer, porque lo puedo hacer. No me da asco.[6]

Tuvimos dos niños, yo y María. Un niño, Benjamín, y una niña, Elisa. Siempre deseaba tener dos hijos, un niño y una niña. Quería tenerlos porque quería ser un padre diferente. No estoy juzgando a mi padre ni a mi mamá. Yo sé que ellos hicieron todo lo que pudieron. Era otra época, otra mentalidad. No niego que nos quieren. Nos quisieron a su manera. Nos trataron a su manera.

También era mi sueño tener una casa para que todos tuviéramos nuestro propio espacio. Entonces, ésa fue una de las razones por la cual yo vine a los Estados Unidos. Para darles un mejor futuro. Mi niño tenía un año y María estaba embarazada con la niña cuando los dejé.

4. La orientación sexual diferente en el contexto de Los Ángeles

Llegué a los Estados Unidos con la intención de hacer dinero. Y fue así. Durante un año trabajé duro y pude pagar la deuda que tenía con mi hermano por el préstamo que me había hecho para pagar

6. Es interesante notar como el narrador que hasta ahora se ha autoconfigurado como absolutamente homosexual, sugiere una tendencia, aparentemente, bisexual. (Nota de los editores)

a la persona que me trajo. Pude comprar un terreno, levantar una media casa (porque nunca se terminó). Hice muchas cosas, y todo estaba bien en mi vida hasta que mi hermano, Leo, quien también es gay, me invitó a pasear a West Hollywood. Empezamos a salir, a bailar, a ir a lugares gays. Todos eran felices siendo quienes eran. ¿Me entiendes? Los Ángeles es diferente que Tapachula porque no es normal ver a una persona gay allá.

Empecé a trabajar en un restaurante en West Hollywood. Conocí a muchachos en el restaurante, a veces en el autobús, cosas así. Estaba como... Lo único que extrañaba eran los niños, la única razón por la cual quería regresar.[7] Ya no era tanto para formar una familia otra vez.

Cuando por fin decidí regresar a Tapachula, estaba por irme, y conocí a alguien diferente a las personas que había conocido. Establecimos una relación. Me sentía feliz, contento de estar viviendo lo que siempre había deseado.

5. *Búsqueda y reencuentro con sus hijos*

Creí que era necesario ser honesto. Cuando le dije todo a María, lloró. Ella me dijo que me aceptaría y que me iba a ayudar y que lucháramos juntos. Le dije a ella que había conocido a alguien.

María y los niños vivían con mis papás en Tapachula. Mi mamá me contó que María le decía al niño que iba ser como su papá y que ella lo maltrataba. De repente, ella vendió todas las cosas y dejó a los niños con su mamá en Honduras y vino a los Estados Unidos. Yo le dije que los cuidaría yo, pero ella dijo que yo era mala influencia. Los niños estaban en Honduras con gente desconocida y en un lugar desconocido.[8] Después de un año decidí ir a traerlos.

La experiencia fue horrible. Fueron días largos, llenos de incertidumbre. Me preocupaba que pudiéramos pasar la frontera con Guatemala, después México, y al final, los Estados Unidos. Lo hicimos.

6. *Familia "consagrada" y orientación sexual*

Aquí vivimos todos con mi pareja. Nuestra familia aquí es una familia bonita, la que siempre deseaba. Hay amor, comprensión. A los

---

7. Miguel declara "Mi niño tenía un año y María estaba embarazada con la niña cuando los dejé". Parece al menos haber una contradicción en el plural "niños". (Nota de los editores)

8. Entendemos que se trata de "gente desconocida" para Miguel. Para los niños, estas personas son sus abuelos maternos. (Nota de los editores)

niños les va muy bien en la escuela y son felices.

Eres libre aquí, pero sin papeles no puedes ir y venir. No tener papeles es difícil para mí. Si se permitieran los matrimonios gays, podría casarme con mi pareja y todo estaría bien, automáticamente. Es injusto que no se nos permita casarnos porque todos somos seres humanos y todos deberíamos tener los mismos derechos. Tantos los *straights* como los gays son personas. Es injusto.[9]

7. La religión y la homosexualidad

Tal vez un día vaya a cambiar la idea que la sociedad tiene acerca de los gays y la situación de los gays en la sociedad pero no sé cuántos años pasarán para eso. Probablemente sí, pero va a tardar un poquito, creo. En México también va a tardar pero más porque es un país religioso, católico. La gente se apega a lo que dice la Iglesia, que el hombre y la mujer son hechos el uno para el otro. Ese concepto viene de la Biblia. Es el concepto que hay en todas las doctrinas, todas las religiones.

En Génesis dice que Dios creó al hombre y a la mujer para estar juntos, que dos hombres estén juntos no es de Dios. Yo pensé así hace tiempo, pero llegué a pensar que no puedes no ser de Dios cuando él te creó. La persona que viene ciega, que viene sin miembros, o que nace gay no pidió venir así. Somos las creaciones de Dios. Los que son gay siempre van a sentir atracción por lo que sienten. Es como vivir frustrados por la disyuntiva de hacer lo que les gusta hacer y lo que la sociedad les dice hacer. Es mentira que al ser gay no vas a estar con ningún hombre estando casado con una mujer. De alguna o otra manera van a haber momentos en que lo vas a hacer.

8. El ahora

Ahora vivo aquí, cerca de Los Ángeles. Donde vivo la mayoría de la gente es latina, con mentalidades de latinos... Los padres han inculcado a los hijos lo que ellos han aprendido de sus papás. Eso es como una cadenita. Estoy tranquilo siendo un padre gay acá porque no conozco a nadie. No sé si alguien se ha dado cuenta de que soy un padre gay, pero hasta ahorita, todo está bien. Los niños están

---

9. Volvemos a ver, como se ha mencionado previamente, la intersección de las agendas gay e inmigratoria. El comentario de Miguel es indudablemente sólido, razonable y justo, aunque el arreglo de la situación migratoria (que en este caso sí es posible) tampoco se realiza "automáticamente" para las parejas heterosexuales. (Nota de los editores)

bien en la escuela e incluso las maestras saben que somos gays, yo y mi pareja, y ellas han sido muy amables con los niños a pesar de eso. Nos han visto como personas normales, comunes y corrientes. No sé cómo los otros padres nos miran, porque no los conozco. Es cierto que hemos evitado demostrar cariño cuando salimos, cuando caminamos en la calle, cuando vamos al *mall*. Pero, creo que estamos bien...

Mis papás ahora saben de mí. Mi papá nunca se molestó conmigo, pero mi mamá sí. Después no sé si entendió o se resignó, pero cambió un poco... no cien por ciento, pero... Por lo menos, ahora no tengo que aparentar lo que no soy. Ahorita prefiero estar en la posición en que estoy...[10]

---

10. El texto envuelve una problemática más profunda y mucho menos transparente de lo que en un principio podría parecer en cuanto a la autorrepresentación del narrador para con los demás. Las dos últimas oraciones resultan contradictorias con el párrafo inmediatamente anterior donde se enuncia: "Es cierto que hemos evitado demostrar cariño cuando salimos, cuando caminamos en la calle, cuando vamos al *mall*. Pero, creo que estamos bien...". Considerando el testimonio anterior puede, en efecto, verificarse "La inferioridad de la condición homosexual femenina". (Nota de los editores)

TERCERA PARTE: DESINTEGRACIÓN FAMILIAR

A mi hermano Miguel

In memoriam

Hermano, hoy estoy en el poyo de la casa.
donde nos haces una falta sin fondo!
Me acuerdo que jugábamos esta hora, y que mamá
nos acariciaba: "Pero, hijos..."

Ahora yo me escondo,
como antes, todas estas oraciones
vespertinas, y espero que tú no des conmigo.
Por la sala, el zaguán, los corredores.
Después, te ocultas tú, y yo no doy contigo.
Me acuerdo que nos hacíamos llorar,
hermano, en aquel juego.

Miguel, tú te escondiste
una noche de agosto, al alborear;
pero, en vez de ocultarte riendo, estabas triste.
Y tu gemelo corazón de esas tardes
extintas se ha aburrido de no encontrarte. Y ya
cae sombra en el alma.

Oye, hermano, no tardes
en salir. Bueno? Puede inquietarse mamá.

César Vallejo

INFANCIA, FUSILES Y BALAS

TESTIMONIO DE HENRY DUBÓN RECOGIDO Y TRANSCRIPTO POR THANIA MUÑOZ

> Creo que ése es el primer recuerdo que tengo de mi infancia. Bueno, recuerdo a mi abuelo, recuerdo su pecho, porque él era bien blanco. Su piel era bien blanca y cuando hacía calor se ponía bien rojo, entonces cuando yo lloraba me acuerdo que me recostaba en su pecho y se le veía bien rojo, es mi primer recuerdo que tengo. El segundo, es la noche que se fue [...] Se fue manejando y yo me quedé, así, viéndolo y al momento que dio vuelta en la esquina, se oyeron como sesenta balazos...

> Henry Dubón

Esquema biográfico

Henry Dubón nació en el año 1975 en Santiago de María, Usulután, El Salvador. Durante su infancia vivió en medio de la Guerra Civil Salvadoreña. Emigró de manera indocumentada a los Estados Unidos en 1990. En el 2004 se convirtió en el primer miembro de su familia en graduarse de una universidad estadounidense. Actualmente asiste a Cal State University, Los Ángeles en busca de una maestría en Estudios Latinoamericanos y trabaja en el campo de la docencia en el sur centro de Los Ángeles, ciudad en la cual ha vivido desde 1990.

Introducción

Estamos en Santiago de María. Así se llamaba el pequeño pueblo, pero más que todo, creo que la historia que voy a contar, viene siendo como un emblema de todo un pueblo que fue despojado. Es como los oprimidos que se tuvieron que ir, porque en verdad yo nací en los primeros años de la Guerra Civil de El Salvador, no tuve opción. Era pequeño y las opciones fueron hechas por mí y de igual manera hay muchos inmigrantes salvadoreños que nos tocó eso. Nunca pudimos decidir, si queríamos ser o no queríamos ser parte de la guerra. Simplemente, fuimos arrojados en el medio de ella. De cierta manera, mi historia, es como la historia de la comunidad. Muchos

Henry Dubón pequeño jugando a ser soldado.

te pueden decir la misma historia. Cuando pasa así, tenés un pueblo exiliado, porque o nos quedábamos a morir de hambre o morir por la guerra o nos íbamos. Entonces, así sucedió, me tocó irme.

1. Asesinato del abuelo

Creo que todo comienza con mi abuelo. En el ochenta... mi abuelo trabajaba en la Incafé allá se llaman beneficios, son lugares donde procesan el café. El Salvador era uno de los países de mayor exportación de café, pero era controlado solamente por catorce familias. Las famosas catorce familias salvadoreñas que controlaban todo el país por completo. Mi abuelo trabajaba en ese lugar, él era el jefe de seguridad, pero lo corrieron del trabajo. Lo corrieron porque él era encargado de ayudar a la gente, o sea, él era el que decía quién entraba a trabajar y quién no entraba a trabajar y regularmente, él nomás escogía a sus amigos. Hubo mucha gente que no lo quería. Cuando estás en esa posición de escoger, poco a poco, le hicieron lo que se dice "la trampa", "la camita del diablo", y lo sacaron del trabajo. Entonces el sindicato de trabajadores le dijo "Si no quieres perder tu trabajo, firma con nosotros, di que ya eras miembro y no te vamos a sacar". Entonces, al verse sin trabajo y sin nada, se convirtió en miembro del sindicato de trabajadores del Incafé. Al hacerse miembro, automáticamente, lo hacen secretario, porque necesitaban a alguien que representara al sindicato con la gente mayor, puesto que él era el jefe de seguridad. Entonces él se convierte en el secretario de los trabajadores del Incafé, fue algo casi forzado. Entonces a él le tocaba ir a "meetings"; fue cuando estaba la guerra entre los que estaban en el poder y las masas. De cierta manera, él se convirtió en representante de las masas porque cuando había "meetings" del sindicato con los dueños, él era el que tenía que ir a poner la cara. En el ochenta siguió con su mismo trabajo. Él decidía quién trabajaba. Entonces, el sindicato lo obligó a que cuando él escogía quién trabajaba, tenía que escoger uno del sindicato y uno no del sindicato. Eso no les gustó a las personas, obviamente a los dueños, porque el sindicato fue creciendo y agarró más poder. Es la típica pelea entre las masas lo que se dio en El Salvador. El 18 de abril de 1980, lo mataron a mi abuelo.

Le tocaba trabajar en las noches a mi abuelo, y siempre se iba con mi tío. Mi tío era un hippie. Fumaba marihuana, leía a Marx y toda la cosa. Me cuentan, porque en verdad yo no recuerdo, yo tenía cinco años. Mi tío era un hippie completo: llegaba, se ponía "Pachuli",[1] el perfume ese. Mi abuelo una noche, el 18 de abril del ochenta, se fue a trabajar, normal, como siempre y en ese tiempo andaban los escuadrones de la muerte.[2] Mi tío se fue con él y había tres muchachas que trabajaban en el mismo lugar, en el turno de la noche, y él siempre las llevaba. Ellas les pagaban por el "ride", por decirlo así. Entonces ellas se iban enfrente con mi abuelo y mi tío se iba atrás, en la parte de atrás de la "pickup", pero esa noche una de las mu-

---

1. Perfume frecuentemente utilizado durante los años sesenta y setenta por gran parte de los partidarios del hipismo y sus particulares hábitos de vida.

2. Fuerzas paramilitares de ultraderecha.

Recuerdo del novenario del abuelo y del tío de Henry Dubón

chachas no fue, se enfermó. Mi tío se sentó enfrente con mi abuelo y las muchachas iban atrás. Creo que ése es el primer recuerdo que tengo de mi infancia. Bueno, recuerdo a mi abuelo, recuerdo su pecho, porque él era bien blanco. Su piel era bien blanca y cuando hacía calor se ponía bien rojo, entonces cuando yo lloraba me acuerdo que me recostaba en su pecho y se le veía bien rojo, es mi primer recuerdo que tengo. El segundo es la noche que se fue, porque yo siempre me despedía de él, siempre con mi abuela, mamá Olinda, salíamos a despedirlo. Se fue manejando y yo me quedé así, viéndolo y al momento que dio vuelta en la esquina, se oyeron como sesenta balazos y empezó a correr mi abuela y yo me quedé parado; la vi corriendo y gritando "¡Mi hijo, mi hijo, mi marido, son ellos, son ellos!" y yo salí corriendo tras de ella. Atrás de mí venían mis tías, mi mamá, todas venían corriendo detrás de mí.

Nosotros vivíamos en una colonia en las afueras de la ciudad. Era donde estaban las casas nuevas, porque era donde la ciudad comenzaba a expandirse, entonces ellos tenían que viajar hacia el otro lado de la ciudad. Tenían que pasar prácticamente toda la ciudad. Por donde ellos se fueron todavía no había casas y ahí fue donde les dispararon. Salí corriendo y antes de llegar al automóvil me agarró un señor y me dijo "no corras, no corras". A mi abuela nadie la pudo agarrar y yo la veía a ella viendo el automóvil. Gritaba, gritaba y después se fue. Empezó a caminar como enloquecida. Yo me solté y salí corriendo, gritando "¡mi abuelo, mi abuelo!" Bueno, yo no le decía abuelo, le decía "papá Chepe" y decía "papá Chepe". Yo me acuerdo, corrí, llegué y en ese momento vi los dos cuerpos. Mi "papá Chepe" estaba cubriendo a mi tío, su cuerpo lo tiró sobre mi tío para protegerlo. Sin embargo, fueron demasiadas balas. Mi tío tenía 22 años, jovencito. A las dos muchachas que iban con ellos no les pasó nada, prácticamente, ellas se escondieron detrás de los cuerpos de ellos y no les pasó nada.

Se sabe quién los mató, pero no se podía hacer nada. O sea el pueblo sabía que eran los escuadrones de la muerte, todos estábamos enterados de eso, inclusive yo, a esa edad. Ellos son los dos primeros muertos que vi; fue fuerte, pesado. Después de eso, mi mamá me agarró, me llevó y no recuerdo más. Los acostaron en la cama, porque los trajeron de ahí para la casa. Se hicieron arreglos. A mi abuela no la encontramos en toda la noche, pero durante toda la noche en la ciudad se oían disparos, muchas ráfagas, esa noche el escuadrón de la muerte mató en sí, a doce personas, no estoy seguro. Todas las personas que asesinaron, fueron personas que tenían que ver con los sindicatos o profesores del Instituto Nacional, que sería como la "prepa" y los asesinaron en esa noche. Ese es mi primer recuerdo de la guerra, por eso es lo que digo, que no podías escoger, son eventos reales que te suceden. Mi abuelo era como, no sé, no me acuerdo, pero la gente siempre me ha contado que él era muy bueno; aunque siempre dicen eso cuando la gente se muere. También me han contado cosas malas de él, así que al ponerlo en la balanza, creo que era buena persona. A mi tío todo el mundo lo quería, era el "cool", el buena onda, el que saludaba a toda la gente, así que en el entierro había mucha gente.

2. *Separación del núcleo familiar*

Después de eso, recibimos unos telegramas anónimos a la casa, en los cuales decían que mi papá se tenía que ir, que no querían que hubiera ningún hombre en la casa, porque lo iban a matar; por lo mismo de la represalia. Él podía tomar armas e ir a matar a alguien y me imagino que a los escuadrones no les iban a pagar por matar a mi papá. Por eso a lo mejor dijeron "¡Que se vaya!" y fue cuando mi papá se fue a vivir a la capital, a San Salvador, con mi tía. Mi otra tía se fue a vivir a San Miguel, que es otra ciudad grande. Entonces después de haber tenido casa llena, yo me quedé solo con mi abuela, bien sola se sentía la casa y se fueron. Yo veía a mi papá cada quince días después de eso. A los seis meses o al año mi papá se vino para los Estados Unidos y no lo volví a ver desde los seis años hasta que tenía trece años. Todo a causa de la guerra. A mis tías casi no las veía tampoco, la capital estaba a dos horas y media en autobús, pero quemaban autobuses, mataban gente. Varias veces sí fui con mi abuela a ver a mi tía, y me acuerdo que una vez íbamos en la carretera y me dijo "No veas a la carretera". Pero chico precoz que siempre he sido, vi hacia la ventana y había como doce cabezas humanas puestas al lado de la carretera y cuerpos atrás tirados. Era algo común. Era parte de la guerra. La crueldad de la guerra es así.

Mi mamá se fue de la casa de mi otra abuela. Se fue con su mamá y yo me fui con ella. Me fui por seis meses, pero siempre me iba de regreso con mi mamá Olinda, así le decía. La casa de la mamá de mi mamá era en un barrio bien pobre. Se llamaba barrio Concepción y la mayoría de la gente tenía casas pequeñas, o sea nada más era tu cuartito donde vivías, porque la gente no podía pagar más, o no tenía más. Pero la casa de mi abuela paterna era bien grande, una casa vieja, vieja, pero bien grande. En esa casa de mi abuela velaban gente cada dos o tres días. Mi abuela prestaba la casa, para que la gente pudiera velar a sus muertos. Yo habré ido como a mil velorios quizás en mi vida. Llegó al punto que me acostumbré a ver cuerpos muertos, de todo, niños y adultos.

3. *La muerte del "Come pan"*

Uno de mis mejores amigos lo velaron en la casa de mi abuela. Tenía yo como ocho y él como nueve. En la noche atacaron la ciudad, se supone que los guerrilleros atacaron la ciudad, era lo que nos decían "Vienen los guerrilleros, vienen los guerrilleros", todos corríamos a escondernos. Hay que diferenciar entre los guerrilleros, el escuadrón de la muerte y los soldados. Una noche, porque cerca de ese barrio estaba la cárcel de hombres, habían capturado a unos guerrilleros; y esa noche llegaron los guerrilleros a atacar la cárcel para liberar a los prisioneros, entonces hubo guerra ahí en el barrio. En la noche tú estabas acostado y escuchabas afuera correr los pasos y la gente, los balazos, las bombas, pero había un punto en que hasta te dormías. Estabas tan cansado, tal vez tan acostumbrado a los sonidos de la guerra que te dormías. Pero esa noche el muchacho, bueno digo muchacho pero era un niño de nueve años, le decíamos el "Come-pan", no sé ni por qué le decíamos el "Come-pan". Creo que se llamaba Arnoldo o Arnulfo, tal vez ya ni nadie se acuerde. Él era un ávido aficionado de las armas, o sea le encantaban las armas, pero pues ¿cómo no? Si habías crecido viéndolas todo el tiempo. Entonces esa noche que hubo enfrentamiento entre los dos bandos, él quería ver armas. Fue a la puerta del frente y se agachó para ver por la rajadura de la puerta, hacia fuera. La mamá le dijo

"Ven a acostarte". Es algo, o sea, la familia salvadoreña estaba tan acostumbrada a la guerra, o a ver muertes que la mamá le dijo ven a acostarte y el niño le dijo "No mamá". La mamá dijo "ok", o sea, estabas tan acostumbrado, la guerra era parte de tu cotidianeidad que eso fue todo. En la mañana cuando la mamá se despertó, él ya se había desangrado. Le cayó un balazo en la cabeza, o sea mal lugar, no sé qué decir, pero todos estábamos en ese riesgo. Así fue como murió el "Come pan". Fue algo de mala fortuna o tal vez de buena fortuna, porque no le tocaron ver las cosas terribles que llegaron después.

4. *Boy Scouts: encuentros con guerrilleros y soldados*

Después de eso me metí en los "boys-scouts". En El Salvador hay "boy-scouts", el fundador era Robert-Baden Powell, ¡ay, todavía me acuerdo! En los "boys scouts" hay tres secciones, de los 6 años a 11 años, se les llamaban "lobatos", de 11 a 14 años son "boy scouts", de 14 a 18, se decía los "Roberts". Así se separaban. Los niños, los "lobatos" se reunían en un lado, los "boy scouts" en otro y los "Roberts" en otro. Teníamos un entrenamiento casi militar en los "boy scouts". Era un entrenamiento casi militar y era, porque cuando ya llegaban a los "Roberts", se convertían en los guardaespaldas de la gente rica. Casi venía siendo un reclutamiento, pero era algo que no se sabía, no era abierto.

Nos íbamos a caminar en las montañas. Si encontrábamos una quebrada, tiraban un lazo encima de la quebrada y tenías que pasarte al otro lado colgado del lazo. Si no te pasabas te quedabas y si te caías te quebrabas la cabeza. Ahora me pongo a pensar, puta madre ¡cuántas veces me pude haber reventado la cabeza porque me pasaba en el lazo! Estamos hablando de una quebrada alta, por lo menos unos veinte pies de altura, en un lazo de un árbol a otro árbol y no me asustaba. Estaba tan acostumbrado a eso. Siempre llevábamos comida, porque nos íbamos todo el día. Todos los sábados íbamos, se llamaban caminatas. Nos llevaban por prácticamente la jungla. Era algo muy chistoso cuando encontrábamos a los guerrilleros; porque andábamos en las montañas, tenías que encontrar a los guerrilleros o a los soldados en algún punto. Teníamos que andar con nuestras banderitas blancas y teníamos que ir cantando para que supieran que éramos los "boy-scouts" y no los guerrilleros, pero ¡imagínate la locura de andar metido ahí! Y tu padre y tu madre "Ta bien, que aprenda". Íbamos cantando, cantábamos una canción muy chistosa:

"Barú, barú, barú, barú barú", pero bien fuerte, ¡imagínate! en medio de la jungla "barú, barú, barú, barú, cuando yo era lobatillo, me daban la leche en bote y ahora que soy scout, me la sacan del bigote, barú, barú".

Era así. El otro verso, era más chistoso, decía:

"Cuando yo era lobatillo dormía con la doncella"; ella era la que se encargaba de los niños, "y ahora que soy scout mi papá duerme con ella, barú, barú".

Íbamos cantando ese tipo de canciones por toda la jungla no sé ni por qué y ahora que me pongo a pensar, muchas veces nos hayan podido dar un balazo, y ahí quedas, de diez u once años.

Cuando nos encontrábamos a los soldados, lo primero que hacían era que nos hincaban donde estuviéramos, nos revisaban todo: que no trajéramos armas, que no fuéramos guerrilleros y eso que andábamos con uniformes de scout, pero nos quitaban la comida. Todas las veces nos dejaban sin comida. Por cierto, se llamaba el ejército Atonal.[3] Habían dos batallones, que eran los más carniceros de El Salvador. Uno era el Atlacatl[4] y el otro era el Atonal y siempre nos encontrábamos al Atonal. Nos ponían las pistolas, nos apuntaban con sus M16,[5] creadas en Estados Unidos o sus M60 al estilo Rambo.[6] Varias veces yo estaba hincado con una M16 en la cara, pero pues, era normal. Ya sabía que lo que iban a hacer era quitarme la comida.

Sin embargo, cuando nos encontrábamos con los guerrilleros, nos daban de comer. Los guerrilleros nos decían:

"¿Quieren agua, quieren comida? Si caminan una cuadra para este lado hay muchos árboles de mango. Si caminan por el otro lado, hay árboles de naranja. No se vayan para allá, porque hay minas que han puesto los soldados".

Los soldados nunca nos decían que no nos fuéramos por ahí, por la

---

3. El Batallón de Infantería de Reacción Inmediata Atonal fue creado el 31 de diciembre de 1981 y fue especialmente entrenado por el ejército estadounidense.

4. El Batallón Atlacatl fue creado en 1980 en la escuela de las Américas (Panamá) bajo la instrucción y supervisión del ejército estadounidense. Es responsable de algunas de las matanzas más sanguinarias de la Guerra Civil de El Salvador, como por ejemplo la masacre de El Mozote.

5. Fusil de asalto estándar de los Estados Unidos, utilizado en las guerras de Vietnam, Camboya y El Salvador entre otras.

6. Ametralladora oficial de los Estados Unidos de calibre 7.62 mm.

minas ¿no? ¡Nunca! ¡Nunca! Suerte, nunca nos topamos con minas, pero creo que muchas veces era por eso: porque los mismos guerrilleros nos decían que no nos fuéramos por ahí, porque los soldados habían puesto minas. Bueno, nos íbamos en las caminatas y no sé, yo pensaba qué iba a ser. Primero pensaba que iba a ser soldado, me habían lavado el cerebro.

5. Reclutamiento, Fiestas y Guerra

La mayoría de la gente no sabía por qué empezó la guerra. La mayoría de la gente o por lo menos la gente con la que yo he platicado. En ese momento no estaban conscientes de que necesitaban un cambio. Creo que esa es una de las razones de por qué el país nunca tuvo ese cambio social grande que se requería; mucha de la gente no estaba consciente de las cosas. Entonces decían "es que vienen los gringos. Ellos traen M16, qué dólares, tamales enlatados y toda la cosa". Sí, sí, en ese momento tal vez me hubiera gustado ser soldado. No fue hasta que comencé a leer, que me di cuenta que hubiera sido lo peor que pudiera haber hecho. Ahora digo, si hubiera tenido un poco más de edad me hubiera hecho guerrillero. O sea, lo digo por la conciencia social que tengo ahora, pero en ese momento quería ser soldado.

A la edad de doce años te reclutaban. Te reclutaban porque ya podías cargar el fusil. A los doce años a un varoncito es fácil lavarle el coco. Te lavan el cerebro y te hacen pensar que vas a matar por el bien de la humanidad. Los soldados reclutaban. Los guerrilleros no reclutaban, pero muchos niños de la edad de doce años se iban con los guerrilleros y entonces el típico era "se lo llevaron los guerrilleros". En verdad no era que se los habían llevado los guerrilleros. Regularmente era un tío, un primo que ya andaba en los guerrilleros y le decían "Vente, ¡para que te recluten! Mejor vente con nosotros". Claro, si tú como madre vas a dejar que tu hijo se vaya con los soldados, donde no conoces, o vas dejar que se vaya con tu tío, "aunque sea guerrillero" y entre comillas. Siempre decían "Ay, a mi hijo se lo llevaron los guerrilleros", o sea también era una manera de que la familia se protegiera. A la mamá no le va a pasar nada si dice "Me robaron a mi hijo los guerrilleros" a decir, "se fue con ellos". Yo prácticamente estaba esperando a que me reclutaran. Era el destino de todos. En ese momento. Eso era lo que nos tocaba. No cuestionas, naces en ese ambiente y no lo cuestionas. Ni tienes la conciencia suficiente para cuestionarlo. Así son las cosas.

La guerra es guerra. La guerra es fea, es horrible. Es una experiencia que te marca por siempre. Sin embargo, la vida cotidiana continúa. Siempre te enamoras. Yo veía a los muchachos enamorados. A la edad de doce años, yo era bastante precoz y había una vecina que me gustaba y me subía al muro de mi casa para espiarla cuando se bañaba.

Sabes que a las siete de la noche tienes que estar en tu casa, porque te pueden matar. Sabes de que hay que apagar la luz. Sabes de que si pones la canción de "Las casas de cartón" te van a llegar a balacear a la casa. Siempre se tomó como un evento cotidiano más. Yo me acuerdo de que siempre habían fiestas. ¡Siempre habían fiestas! Las fiestas del pueblo que se celebran cada año, ningún año se dejaron de celebrar. Llevaban bandas caras y a media fiesta empezaban a disparar y veías a las viejas corriendo con los tacones en las manos y... "Vámonos, metámonos en la casa del vecino para que no nos balaceen" y era eso. Aparte, yo creo que la sociedad salvadoreña es demasiado violenta. Está tan internalizada la violencia que ni siquiera pensabas que se podía acabar o si se iba acabar o si había posibilidad de que se acabara. Lo que estaba pasando era que El Salvador o la mayoría de los lugares centroamericanos, eran un campo de batalla ideológico. Tenías a Reagan mandando cien mil dólares al día y tenías el apoyo de los sandinistas por el otro lado; los sandinistas claramente apoyados por la Unión Soviética. La verdad es que generaba dinero, ¿cien mil dólares al día? ¿en los ochentas? ¡a un país del "Tercer Mundo" tan pequeño como lo es El Salvador! Es demasiado, era demasiado dinero. Era desastroso estar invirtiendo ese dinero ahí. Todo para no dejar que se expandiera "the threat of communism", dicen siempre. Las vidas pues, no importaron. Tengo entendido de que la derecha dice que murieron 75.000 personas. La izquierda dice que murieron 200.000 personas en un período de diez años. Tal vez, no vamos a decir que 200.000 ni 75.000 pero por lo menos 125.000 sí murieron, sin contar los miles y miles que se fueron del país, o que nos fuimos, que nos sacaron, que nos llevaron, que nos vinimos a los Estados Unidos.

INFANCIA DESHILACHADA

TESTIMONIO DE ALEJANDRO GARCÍA RECOGIDO Y TRANSCRIPTO POR MARISOL MONTAÑO

> El día que mi mamá se fue...mi papá lo llevó con el psiquiatra pero mi hermano se escapó y se fue corriendo para tirársele a los camiones en la calle para que lo mataran. Yo sabía que él no estaba loco, nomás lloraba de dolor...
>
> Alejandro García

Esquema biográfico

Alejandro García nació el 19 de diciembre de 1975 en la capital de El Salvador, San Salvador. Se radicó en Lourdes Colón, departamento de La Libertad, hasta el año 1996. Alejandro, junto con sus hermanos, sufrió el abandono de su madre y más tarde el de su padre durante la época de la Guerra Civil.

Alejandro volvió a ver a su madre a la edad de veinte años cuando decidió emigrar a los Estados Unidos. Más tarde emigró su hermana. Su padre vive aún en El Salvador, al igual que sus dos hermanos "cobra" y "el gato". Actualmente, el testimoniante vive en Los Ángeles, California y ha formado una familia.

Introducción

El testimonio de Alejandro García fue contado desde la estructura de sentimientos de un niño que fue abandonado por ambos, su padre y su madre. Este niño originario de El Salvador sufrió las crudezas de la Guerra Civil que duró doce años (1980-1992). Alejandro asegura que lo que a él le afectó fueron los resultados de ésta. En su relato, se puede ver la plena desintegración de una familia que forzada por la pobreza y la ignorancia es fragmentada de manera cruel y definitiva. Su familia, conformada por su padre, su madre y sus tres hermanos representa la realidad que innumerables salvadoreños enfrentan y continúan enfrentando debido a la situación del país. Lo más interesante es que aunque la narración es hecha por un hombre adulto, es visible que la perspectiva es aún la de un niño que contándola trata de rescatar un poco de lo que ya ha perdido y de hablar por otros que como él vivieron el silencio de ser niños,

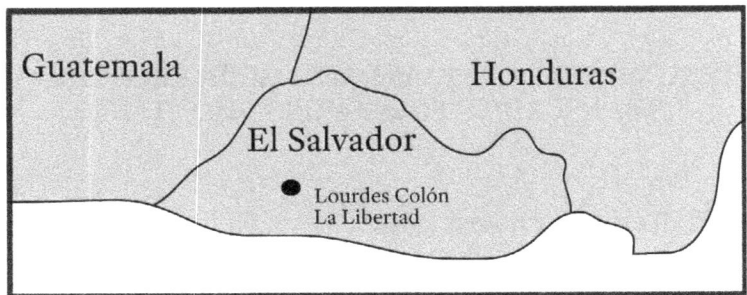

Lugar de nacimiento y crianza de Alejandro García
(escala 1 cm : 60 km).

niños a los que nunca nadie escuchó.

1. Orígenes

Nací en el 1975 en el cantón de Lourdes Colón departamento de La Libertad. Mi nombre es Alejandro García pero no es importante porque como yo hubo muchos niños que vivieron mi misma experiencia. Cuando hablan de El Salvador, la gente piensa luego luego en la guerra y no en las consecuencias que tuvo. Mi infancia fue la merita consecuencia de la guerra. A mí la guerra ya no me afectó tan directamente, pero la perra pobreza sí. Ni educación ni nada le daban a uno y menos sus padres; todos eran ignorantes y los que eran letrados nomás jodían a los demás.

2. Mis primeros recuerdos

Yo vivía con mi mamá y con mi papá en un cuarto de más o menos diez pies por diez pies. Me acuerdo que teníamos una cama de pita donde dormíamos mi mamá, mi papá, mis tres hermanos y yo.[1] La cama tenía un petate que nos dejaba el cuerpo bien marcado y en la mañana costaba trabajo que se borrara.[2] Eso era como recordarnos todos los días la miseria en la que vivíamos. En esos tiempos mi mamá y mi abuelita paterna tortiaban para vender, pa' sacar un dinerito extra. La estufa en que cocinaban estaba afuera de la casa y usaban rajas de leña o chiriviscos como combustible.[3] Mis abuelos

---

1. Pita: Cordel de cáñamo hecho de la planta de pita.

2. Petate: Estera de palma usada en los países cálidos para dormir sobre ella.

3. Chiriviscos: Pequeñas y delgadas ramas secas de árboles o arbustos.

paternos Pablo y María eran educados, mi abuelo mascaba tabaco y nos daba dinero para comprar pólvora en navidad, trabajaba en los cafetales y quería mucho la tierra. Yo tenía como siete años cuando murió mi abuelo. Mi abuela era buena, siempre dedicada al hogar, criaba gallinas, puercos, chumpes, patos, de todo había.[4] Siempre que me acuerdo de ella me pongo mal, cuando yo ya estaba grandecito un día ella me cocinó unos huevos y en vez de usar aceite para freírlos usó vinagre. En otra ocasión la vi comiendo frijoles con cucarachas, pobrecita mi abuela, ya no veía, pero trataba de darnos un bocado cada que podía y nos quiso mucho. Con mis abuelos maternos no tuve mucho acercamiento porque vivían como a dos horas de Lourdes, en un pueblo que se llama Ilobasco. Además, ellos murieron cuando yo estaba muy chiquillo.

3. Mi "familia"

Tengo cinco hermanos aunque somos seis en total, pero solamente cuatro somos hijos de mi mamá y de mi papá. No tengo ningún problema con las otras dos que son mayores que yo, tienen como cuarenta y tantos ahorita, no sé bien. Son hijas del primer matrimonio de mi papá, pero como él nunca se hizo cargo de ellas yo realmente no crecí como hermano con ellas. A una de ellas la educó mi tío y a la otra mi abuela paterna. Yo quiero mucho a mi papá aunque la gente dice que mató a su primera esposa. Nunca he querido preguntarle nada porque me daría mucho dolor saber que la mató, pero la gente dice que un día la encontraron muerta en un cañaveral y que la mató porque la encontró con otro. Mis hermanos y mi papá es la única familia con la que crecí. De los cuatro yo soy el mayor, tenía seis años cuando mi mamá se fue, "cobra" el hermano que me sigue tenía cinco, "el gato" que era el menor de los hombres tenía cuatro y "la chata" que era la más pequeña y la única hembra tenía tres. A mi papá lo quiero, se la pasaba trabajando en el campo trabajando con sus bueyes, su carreta y su botella de licor. Mi papá no era cariñoso y mi mamá tampoco. Ella me pegaba con un lazo mojado cada rato cuando yo jugaba y no entendía de ir cuando me llamaba. Ya después que mi mamá nos dejó mi tía recogió a "la chata", mi abuela recogió al menor de los varones y en la casa nos quedamos mi papá, "cobra" y yo. Yo era muy chiquito y no entendía por qué se había ido, pensaba que habíamos hecho algo malo. Entonces, tuve que aprender a cocinar, a lavar mi ropa y la de mis hermanos…mi

---

4. Chumpes: Pavos.

Alejandro García (en la bicicleta) junto con sus hermanos "el gato" a la derecha, "la chata" y "cobra" a su izquierda. Foto tomada en el año de 1984 en Lourdes Colón, La Libertad en El Salvador.

papá nos levantaba a gritos todos los días a las tres de la mañana a hacer los deberes de la casa, yo tenía que hacer café para tomar con pan, ir a la escuela. Siempre me expulsaban de la escuela, sólo iba a pelear, aplacé primer grado dos veces. Llegandito de la escuela iba a pastear las vacas y llegaba hasta la noche y a dormir. No me gustaba ir a pastear las vacas porque teníamos que caminar como tres horas y sin comer nada, teníamos que robar de los cultivos vecinos alguna fruta o verdura o algo y los dueños nos seguían con corbos.[5] Nunca hacía tarea y por eso aplacé primer año, a nadie le importaba que yo

5. Arma blanca, más corta que la espada, ancha y de un sólo filo. También es conocida como machete.

pasara o no de grado. En mis días libres me levantaba a las dos de la mañana para ir a pastear las vacas y que se vieran bonitas, para que mi papá las vendiera en el tianguis de Quezaltepeque como a eso de las seis de la mañana.[6] En esos momentos es que me hacía falta mi madre. Lo más triste es que no tengo recuerdos de mi infancia con ella. Ahora sólo sé que es mi mamá.

4. El día que mi mamá se fue

El día que mi mamá decidió irse a los Estados Unidos nomás agarró una mochila y se fue así por así, 'tábamos chiquillos todos. No me acuerdo que se haya despedido de mí. Se la llevaron en un bus, temprano y eso es todo. El coyote era amigo de mi papá. Al principio pensé que se había ido para buscar un mejor futuro, después me di cuenta que no, al contrario, nos hundimos más y más cada día. Pienso que fue egoísta por no habernos cuidado, nunca se acordó de nosotros y por eso crecí con un gran dolor. Mis hermanos todavía le tienen rencor. Mi hermano "cobra" padecía de los nervios, era miedoso y de presto gritaba y peleaba. "Cobra" se lavaba las manos cada rato y no quería que nadie lo tocara. Cuando mi abuelita le daba pisto,[7] el se lo metía a la boca y luego se lavaba las manos. Mi papá lo llevó con el psiquiatra pero mi hermano se escapó y se fue corriendo para tirársele a los camiones en la calle para que lo mataran. Yo sabía que él no estaba loco, nomás lloraba de dolor y pues "la chata" y "el gato" también sufrieron mucho.

5. Mi educación

Fui a la escuela hasta cuarto grado porque de la primera me expulsaron y después fui a otras dos. De la segunda escuela también me corrieron y ya no seguí estudiando porque mi papá no iba a las reuniones y yo peleaba con los niños y les quitaba la comida. Tenía yo diez años cuando ya no fui a la escuela y a los diez años me convertí en adulto por muchas cosas. Empecé a trabajar y poco más tarde mi papá también nos dejó. A los once años, mis primos que eran mayores que yo me dieron a probar cerveza y me gustó tanto beber que el alcohol fue mi primer amor. Tomaba alcohol, cerveza, guaro y todo eso.[8] Un día mi papá me encontró borracho y me pegó, entonces yo lo sentencié que lo iba a matar. Nunca me preguntó por

---

6. Tianguis: Mercado público.

7. Término dado al dinero en El Salvador.

8. Guaro: Nombre que se le da al aguardiente de caña en América Central.

qué tomaba, yo me sentía muy solo porque no tenía una madre, una familia…, el alcohol me hacía dormir mucho y olvidarme de todo eso. También fumaba y de vez en cuando hasta a la mariguana le hacía, nunca me gustó la mariguana. Cuando no tenía dinero para comprar el licor pues compraba alcohol de la farmacia y lo revolvía con agua y para matar el sabor mascaba unas hojas de jocote con sal.[9] Otro de mis grandes errores era que me desquitaba con mis hermanos, los golpeaba hasta decir ya no. Tenía como un dolor en el alma que me ahogaba y sentía la necesidad de sacarlo. A la que más le pegaba era a "la chata", ahora me arrepiento.

6. *Nunca entendí por qué mi papá también nos dejó*

Me dolía que mi papá se hubiera ido con una mujer que ya tenía hijos que no eran de él. Después se acompañó con otra mujer que tenía dos hijas grandes y una tiernita;[10] a mí se me afigura que ni es de él. A mis medias hermanas nunca las quiso, jamás se hizo cargo de ellas. El nunca nos dijo que se iba a ir, simplemente ya no llegó a dormir y dijo que mi primo de trece años nos iba a cuidar. Él, igualito que mi mamá, también nos abandonó. Cuando alguno de mis hermanos o yo estábamos enfermos mi papá nos visitaba, nos llevaba galletas pero no nos decía nada. De allí pa' delante yo hice lo que quise, de todos modos a nadie le importaba.

7. *Las chiviadas y el billar de la esquina*

Así fue pasando el tiempo, así crecí en las calles en medio de las "chiviadas",[11] tenía apenitas doce años. De allí salían muchos muertos y muchos salían llorando. Recuerdo que un día a mi amigo que ya era señor grande le cortaron una mano. Mi amigo iba perdiendo y quiso recuperar el dinero, así que metió la mano pa' agarrarlo y mientras otro le voló la mano con un corbo. Me asusté pero ya estaba acostumbrado. En otra "chiviada" me acuerdo que de presto llegó la guardia en carro de civil y salió un francotirador que jaló el gatillo y mató a cuatro. Recuerdo bien, primero mató a uno y los de-

---

9. Jocote: Árbol frutal también conocido como ciruelo.

10. Término dado a los niños de uno a dos años de edad.

11. Grupos de hombres que se reunían en las calles de El Salvador de manera clandestina para apostar dinero en juegos como los dados, barajas y otros. Ningún miembro es el organizador principal, todos organizan. Toma el nombre de "chiviada" porque los dados con los que se juega se denominan "chivitos".

más se echaron a correr pero él tenía un fusil de alto alcance y mató a los demás, era un francotirador. Les tiró de una esquina a otra, se hincó y les dio. Ese día regresé a la casa y le di gracias a Dios porque no me mataron.

Otro de mis refugios era un billar que estaba cerca de la casa, "el billar de la esquina". Cuando no tenía trabajo me la pasaba allí fumando y tomando, tenía como doce años. El dueño del billar, don Lito, le pagaba a la guardia para que no dijera nada de que entrábamos menores de edad. A don Lito le convenía porque nosotros pagábamos por jugar y consumíamos alcohol, cerveza, de todo. No había una regulación, había muchos chiquillos como yo. Allí crecimos, era como una familia. Un día llegó la policía y me iban a llevar pero el dueño pagó para que no me llevaran. Allí jugábamos, apostábamos y todo eso. Algunas veces pasaban los soldados reclutando y entonces nos tocaba escondernos o echarnos a correr. Algunas veces pensé que era mejor que me reclutaran pero cuando pasaba por enfrente de ellos nunca me llevaron. La guardia también era muy dura, era como la policía local. Si te veían en la calle haciendo algo malo por ejemplo fumando, te apagaban el cigarro en la lengua o te golpeaban con sus fusiles o te daban culatazos con sus armas hasta que les pidieras perdón, no les importaba que fueras menor. El ejército también hacía retenes al borde de la carretera y paraban los buses para llevarse a los chavalos.[12] Nunca vi el ejército que se metiera a las casas, la guerrilla sí se metía; pero el ejército se metía a las casas en los pueblitos o cantones donde la gente estaba más indefensa. Muchos de mis amigos fueron reclutados, ellos me contaron que los entrenaban tres meses y luego los sacaban a pelear contra el FMLN.[13] Recuerdo que los soldados me siguieron dos veces pero nunca me agarraron, aquel billar de la esquina fue mi refugio muchas veces y por eso lo tengo en la memoria. Allí hicimos mucha vida, allí me escondía del ejército y mis amigos que habían sido reclutados regresaban mutilados para contar sus historias.[14]

---

12. Chavalos se refiere a los jóvenes.

13. Frente Farabundo Martí para la Liberación Nacional (FMLN) es un partido político de izquierda, creado originalmente como un organismo de coordinación de las organizaciones político-militares que participaron en la Guerra Civil entre 1980 y 1992.

14. Vuelve a tocarse el tema del reclutamiento forzado de niños por parte del ejército salvadoreño, extensamente tratado en el testimonio "Infancia, fusiles y balas".

Nosotros escondíamos pistolas en el billar y el dueño nos encubría. Un día "el chumbelo" estaba acariciando una pistola y llegó la policía y lo agarró preso. Al dueño del billar también le traía beneficios porque lo alivianábamos con dinero; mientras recibieran dinero no había problema. Mis amigos y yo teníamos de todo: pistolas, fusiles, granadas y más, todo era robado. Los bichos y yo siempre buscábamos problemas pero yo nunca maté a nadie.[15] Nos íbamos a otros pueblos a pelear y echar desmadre. Todo era mucho alcohol, mariguana, sexo, baile y pelear. Increíble, pero nos gustaba bailar, siempre hacíamos competencias a ver quién bailaba mejor.

Una vez íbamos a matar a alguien pero se nos escapó el prójimo, de no ser así, sí lo hubiera matado y eso también pasó en el billar. Crecí entre la muerte, el alcohol, la violencia, la pobreza, la soledad, la hipocresía. El billar era un lugar de mala muerte pero fue más mi hogar que el que me dieron mis padres.

8. *Entre el alcohol y la soledad*

Mientras más tiempo pasaba más caía en el vicio del alcohol. A pesar de todo nunca le robé a nadie para satisfacer mi vicio, yo sabía lo que cuesta ganarse el dinero. Siempre he pensado que nadie puede arrebatar algo así por así. A mis quince años ya era un alcohólico completo y eso no cambió. Viendo hacia atrás puedo decir que todo fue una consecuencia del descuido de mis padres. Toda esa soledad me afectó y me arruinó la vida. Nada me importaba, todo me valía madre y a veces quería morirme. Muchas veces deseaba que mi mamá nos llamara y eso, pero nunca pasó. A mi papá le guardo un cariño especial porque viví con él más tiempo y con él más rechazos y humillaciones, por lo menos eso. Mi mamá una vez nos habló y nos dijo que nos quería y nos extrañaba, ella hablaba cada seis meses o cada año. Toda la gente decía que mi mamá vivía con "papá Jimmy". La gente es estúpida y lo que quiere es hacer que uno se sienta mal. Había niños que corrieron con más suerte y sus papás se los llevaron a los Estados Unidos, nosotros no fuimos de esos niños. Conforme iba creciendo de mi mamá nunca esperé nada, ya todo estaba muerto. A pesar de la persona en que me había convertido, a mí siempre me gustó el trabajo y del dinero que yo ganaba le hablaba a mi mamá y le decía que la quería y que la extrañaba. A veces yo le mandaba frijoles, queso, carne seca o chocolate con alguien que

---

15. En El Salvador se les llama "bichos" a los niños y jóvenes de entre tres y quince años, regularmente.

venía para acá. Mi primer trabajo fue jalando sacos de arroz a los doce años, también trabajé en el campo, en una carpintería, en un taller, en los cafetales y al final regresé a trabajar con mi papá en sus cultivos. Aunque mi papá no vivía con nosotros me dejaba trabajar con él y hasta aceptó que yo tomaba. Él y yo tomábamos alcohol juntos. Para mi papá las mujeres eran todo, él me aconsejaba que buscara mujeres cuando tenía trece años pero a mí a esa edad no me importaba tanto eso, yo sólo quería tomar y tomar. No lo voy a negar, tuve varias experiencias con mujeres para tratar de llenar el vacío que tenía y tendré siempre. Tuve una novia a la que quise mucho, pero no más que el alcohol, nadie valía más que el alcohol.

9. *Los niños de El Salvador*

En la oscuridad de la noche yo lloraba mucho, lloraba como un niño. A veces me pregunto por qué me abandonaron mis padres pero no encuentro respuesta. Lo que yo pienso es que todo lo que yo viví es una secuela de la guerra y a mí me chingó. El Salvador es un país lindo pero los gobiernos corruptos y la guerra lo han hecho pobre y por eso hay tantos niños como yo, niños que son y no son niños. Lo peor de todo es que el tiempo nunca va a regresar, el tiempo es lo más hermoso que puede tener un niño, pero hay un problema grave si aquel bichito no vive su infancia como debe de ser. Eso me pasó a mí y a mis hermanos y a muchos otros niños. Tengo treinta y cuatro años pero no sé cuantos perdí cuando empecé a tener conciencia y esos ya no los pude recuperar. Actualmente vivo en los Estados Unidos desde hace trece años, fue en el 96 que volví a ver a mi madre. Mi hermana también está aquí desde el 2002 y dejó a sus hijos con su papá. Mis otros hermanos todavía siguen en El Salvador y hasta la fecha no conocen a la señora y ella no ha podido ir porque está en proceso de legalización. Realmente no creo que mis hermanos sientan aprecio por mi mamá, simplemente por el hecho de que ni los conoce. Lo que más me duele es que los bichos de "la chata" están por vivir lo mismo que vivimos nosotros y un día van a sentir por ella lo que yo siento por mi madre.

¿QUÉ DIJO LA ABUELITA?

TESTIMONIO DE ELIA LEYVA RECOGIDO Y TRANSCRIPTO POR JACQUELINE MARTÍNEZ

> Me gustaría que mis hijos mantuvieran sus raíces intactas. En mi mundo ideal todos mis hijos hablarían español y estarían orgullosos de ser mexicanos. Ese mundo puede existir pero ya la decisión no cae en mí, ellos ya son adultos hechos y derechos, yo no puedo mandar sobre ellos.
>
> Elia Leyva

Esquema biográfico

Elia nació en Pueblo Nuevo, Guanajuato, México. Ella y su familia de origen se mudaron a la colonia Martín Carrera en la ciudad de México. Allí vivió varios años hasta que se casó y estableció su domicilio en Carpinteros, Hidalgo. No mucho tiempo después, se mudó a Martín Carrera otra vez. Luego, en los setentas inmigró a Los Ángeles. Allí vivió en Cypress Park, Highland Park, y finalmente en Glassell Park donde vive hoy en día.

Introducción

Conservar la identidad hispana dentro de la sociedad americana de hoy en día es difícil. Cada año miles de familias llegan a los Estados Unidos con el sueño de mejorar sus vidas. Algunos no tienen otra opción que trasladarse a este país a raíz de problemas económicos o políticos. En cada caso las vidas de estas familias cambian drásticamente para siempre. Mi familia es una de estas que ha llegado en la búsqueda del sueño americano, una vida mejor. A través de los años, mis familiares se han asimilado a las costumbres y a la cultura de los Estados Unidos. Tras este proceso de asimilación ellos han, lamentablemente, perdido muchos rasgos de su identidad mexicana.

Mi generación, la primera generación nacida en este país, ha sufrido muchos cambios a causa de esta asimilación. Por otra parte, la generación de mis padres y tíos ha sido igualmente marcada por situaciones problemáticas de índole intercultural. Esta realidad im-

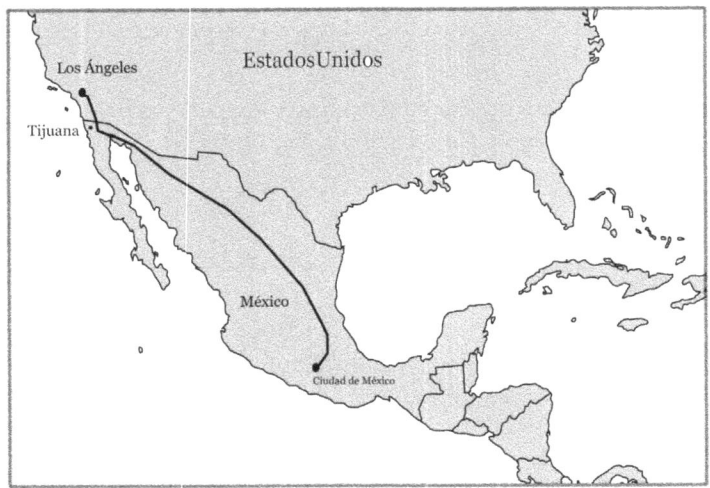

Viaje inmigratorio de Elia con sus hijos alrededor de los setentas (escala 1 cm : 2503 km).

pactó negativamente la relación de la generación de mis padres y tíos, la generación de nosotros, los nietos, con la generación de mis abuelos.

En este testimonio quiero relatar la historia de mi abuelita Elia Leyva quien experimentó muchos problemas y conflictos por vivir el sueño americano. Ella es la mujer que mantiene a la familia unida. Ella es la razón por la cual todos hemos salido adelante en la vida. Mi abuelita es una mujer muy humilde y cuando le pedí que me contara su historia fue un poco reacia pero finalmente nos sentamos en la mesa de la cocina, donde se encuentra la mayoría del tiempo, y me empezó a contar sobre su vida y la dificultad que representa el idioma inglés al tratar de hablar con sus hijos y nietos.

1. La vida en México

Nací en Pueblo Nuevo, Guanajuato. No me acuerdo mucho de ese lugar pero a los siete años me moví con mi familia a la ciudad de México. En el D.F. vivíamos en la colonia Martín Carrera. Vivíamos 14 en una casa chiquita. La colonia no era peligrosa pero tampoco era nada bonita. Yo y mis hermanos pasamos la mayoría de nuestra niñez allí. Durante ese tiempo todos teníamos que trabajar en puestecitos o en limpieza o en cualquier trabajo que podíamos encontrar para poder comer. Yo era la mayor de mis hermanas y a los 19 años me casé con mi esposo Sebastián.

En cuanto nos casamos nos cambiamos de casa. No vivíamos nada lejos de mi familia pero el cambio permitió que empezáramos nuestra propia familia. Tuvimos cuatro hijos, uno tras otro, porque no queríamos que nacieran con tantos años entre uno y el otro. Mi mamá hizo lo mismo conmigo y mis hermanos. Sebas trabajaba en la comisión federal de luz, él era el mil usos. Siempre lo tenían trabajando días y noches en diferentes ciudades. Yo fui la que me encargué de los niños mientras él trabajaba. Él nunca estaba en casa y mi familia durante ese tiempo me ayudó mucho. Mis hermanos y mamá me ayudaban con los niños y entre nosotros también nos ayudábamos a encontrar formas para comer. México era difícil: uno puede trabajar como perro y no ganar lo suficiente para mantener a su familia.

2. El éxodo al "Norte"

Con cuatro hijos y un salario ya no podíamos vivir a gusto. Sebas decidió irse a trabajar al "Norte" y mandarnos dinero.[1] Yo no estaba de acuerdo con esto al principio porque tantos van para allá y nunca regresan, pero no teníamos otra. La primera vez que se fue me acuerdo sentirme indefensa, no sabía si iba a llegar allá porque era tan peligroso cruzar la línea. Tampoco sabía si iba a regresar con nosotros. Gracias a Dios todo le fue bien. El trabajó allá por un año, nos mandaba dinero cada mes. Ese dinero nos ayudó mucho, hasta tenía lo suficiente para ayudar a mi mamá. A los pocos meses que se fue Sebas para el "Norte", mis padres y hermanos decidieron irse para allá también.

La situación estaba difícil en ese entonces en México. Balearon a mi hermanito Gerardo a una cuadra de la casa por la noche. Él estaba con un amigo y unos cholillos le estaban dando problemas al amigo y él se metió a defenderlo y eso le costó su vida. Mi familia estaba a punto de quebrarse emocionalmente. Nadie sabía qué hacer, todos teníamos miedo que uno de nosotros iba a ser el siguiente porque la ciudad de Martín Carrera se estaba poniendo cada vez más peligrosa. Entonces cuando yo tenía veintiuno, toda mi familia, menos uno y yo, se fueron a EE. UU. Como mi papá había encontrado un trabajo bueno allá, él pudo mandar por todos. Todos pasaron con papeles chuecos pero sin problema. Un año después, Sebas al ver que la vida era mejor en los Estados Unidos, decidió movernos allá

---

1. Norte: Estados Unidos.

México, 1967: De izquierda a derecha, fila de abajo: María (madre de Elia), Sebastián (esposo de Elia), en brazos, Cecilia (hija de Elia y Sebastián y madre de la transcriptora), Elia (testimoniante), prima de María. Segunda fila: Nazaria (hermana de Sebastián), José (padre de Sebastián), Eleuteria (madre de Sebastián), prima de Elia. Tercera fila: madrina y padrino del casamiento de Elia y Sebastián.

con él. Igual que mi familia, me fui para Tijuana y pasé la línea con mis hijos. Una comadre mía pasó a mis hijos con los papeles de los hijos de ella. Yo pasé la línea sola, a pie. No puedo describir lo que sentí en ese entonces, estaba muy feliz de ir al "Norte" pero también estaba preocupada por cruzar a todos mis hijos. No sé qué hubiera hecho si algo les habría pasado.

3. La odisea en Estados Unidos

Llegamos a un nuevo país sin idea a lo que nos esperaba. Mis hijos tenían menos de diez años, ellos no sabían nada de inglés ni de los Estados Unidos. Sebas había trabajado lo suficiente para aprender algunas palabras en inglés y él fue quien me enseñó un poco. Lo primero que hice al llegar fue matricular a mis hijos en la escuela para que pudieran aprender el inglés. Con lo poco que me habían enseñado yo no podía hacer casi nada. Nomás iba a ciertas tiendas como, "La morenita", a comprar los mandados porque todos los cajeros eran mexicanos y me entendían. No es que no traté de ir a otras tiendas, pero cuando lo hacía siempre era difícil para mí. Mis hijos aprendieron el inglés muy rápido. Mi hija la más grande, Cecilia, era mi traductora. Me la llevaba a todos los lugares conmigo, a pagar mis biles[2], a mis compras, hasta cuando finalmente pude obtener la amnistía. Ella y mis otros hijos me ayudaron a estudiar.

Cuando saqué la amnistía fue el único tiempo que tomé clases formales del inglés. Yo no quise continuar porque no tenía el tiempo ni el dinero para hacerlo. Mi experiencia en las clases de inglés me abrió los ojos a los prejuicios que los americanos nos tenían a nosotros. Las maestras nos enseñaban más o menos, yo sentía que realmente nuestros estudios no les importaban. Siempre nos trataban como idiotas porque no sabíamos el idioma. Me imagino que chismeaban de nosotros y nosotros no podíamos hacer nada porque no les entendíamos. Me acuerdo que un día nos enseñó una gringa pelirroja, ese día nomás estábamos tres o cuatro en clase. Ella le comentó a su colega *"Why are we teaching? There are only three wetters here"*, y luego se rieron. Al momento yo no entendí nada, sólo *three*, y cuando llegué a casa le pregunte a Cecilia qué significaba lo que dijo la maestra, y ella me lo comentó. No podía creer que estas mujeres que se supone que estaban allí para ayudarnos estaban burlándose de nosotros. Hay cosas como esas que ocurrían y ocurren diario.

Nunca me voy a olvidar de los problemas que tuve cuando nació mi hijo Ramón, el único nacido aquí. Como yo no conocía el sistema americano yo no sabía qué iba a hacer cuando diera a luz. Mis hermanos siempre me llevaban de un lado a otro y con un doctor y otro en búsqueda de uno bueno que hablara español. Sí, lo encontramos pero resultó ser muy cariñoso.[3] Treinta años después todavía estoy pagando. En ese tiempo no sabíamos de los programas que ayudaban a nosotros los pobres. Los primeros doctores me mencionaron algo de programas pero como no les entendíamos muy bien no podíamos usarlos como debíamos. Cosas como programas de ayuda son para los pobres, pero las personas no los van a poder usar si no saben que existen, menos si no entienden el lenguaje.

4. *Familia con barreras*

Hoy día mucha gente piensa que yo no hablo inglés y es verdad, pero lo que no saben es que sí lo entiendo, pero ¿qué me gano con eso? Si desconocidos me hablan en inglés realmente no me importa

---

2. Biles: Cuentas por pagar o deudas por servicios; del inglés "bills".

3. Cariñoso: muy costoso.

porque yo sé que quizá ellos no hablan español, pero cuando mi propia familia optan hablarme en inglés es como un golpe al estómago. Ellos saben lo difícil que es para mí y me siento como si ni no lo toman en cuenta.

Con tantos años aquí mis hijos se han agringado. Ninguno habla el español como antes. Ramón es más gringo que mexicano. Él habla el español bien mocho.[4] Sus hijos ni hablan el idioma español. Él siempre ha sido y va ser mi chiqueado,[5] pero sin duda nuestra relación ha cambiado. No sé por qué su español se puso tan mal. Sebastián, el que sigue de Ramón, sabe español pero no lo usa. Creo que eso es lo que me da más rabia. A él, la vida aquí lo ha tratado muy bien, pero se le ha olvidado por completo la vida que teníamos en México. A veces lo he escuchado hablando mal de los inmigrantes y siempre le llamo la atención. Siempre le respondo que él es un chico nopalón también y que no debe hablar mal de otras personas.[6] Me da mucha tristeza porque él no quiere visitar México. No tenemos mucha familia allí pero siempre es importante conocer uno sus raíces. Yo quiero que mis hijos vean dónde nacieron, dónde se criaron. Hemos estado en este país por treinta y cuatro años. Cecilia, Jacqueline y José han ido de visita a México dos veces durante todo ese tiempo. Ellos son los más grandes y creo que todavía se acuerdan de algunas cosas de su niñez. Me alegro que hayan ido pero todavía me gustaría si lo hicieran más seguido.

Yo tengo veintidós nietos. Yo quiero que ellos conozcan de dónde vino su familia y su gente. Sus vidas se van a enriquecer si lo saben. Va ser un poco difícil para ellos porque la mayoría no hablan español. Siempre que llegan a mi casa escucho entre su chiripalla,[7] *"What did grandma say?"* Me siento mal que no los entienda pero igual ellos no me entienden tampoco. Creo que si habláramos la misma lengua nos acercaríamos como familia. Yo quiero a todos mis hijos y nietos igual pero siempre se me hace duro hablar con ellos. A veces creo que el único momento que de verdad nos entendemos es en la cocina. Aunque no hablen español bien, siempre que piden tacos o frijoles o carnitas las palabras les salen perfectas. Les he dicho a mis hijos que practiquen el español con sus hijos para

---

4. Muy mal.

5. Mimado, consentido.

6. Nopalón: es un dicho. En México abunda el nopal (cactus), este término no se usa para decir que una persona no puede negar que es mexicano.

7. Mucha habladuría.

que puedan mejorar el idioma. Sin práctica nunca se les va a grabar. De mis veintidós nietos sólo cinco conocen México. Me alegra que hayan ido, pero no ven al México de antes. Ellos van a visitar a la familia por unos días y el demás tiempo se lo pasan en los lugares turísticos. Me gustaría poder llevar a todos por unas semanas a conocer lo que se están perdiendo.

Mi vida en este país no ha sido fácil. Yo he tenido que sacrificar varias cosas pero todo ha valido la pena. No me arrepiento de nada. Siempre extraño mi país pero creo que nunca podré vivir allí otra vez. Uno se acostumbra a la vida americana. Sé que estando aquí ha afectado a mi familia muchísimo pero aunque muchas cosas han sido negativas la mayoría no lo son. En México ellos no hubieran tenido las mismas oportunidades que han tenido aquí. Allá nadie hubiera acabado la escuela, agarrado un trabajo bueno, ni sacado a su familia adelante. Me gustaría que mis hijos mantuvieran sus raíces intactas. En mi mundo ideal todos mis hijos hablarían español y estarían orgullosos de ser mexicanos. Ese mundo puede existir pero ya la decisión no cae en mí, ellos ya son adultos hechos y derechos, yo no puedo mandar sobre ellos.

CUARTA PARTE: MIGRANTES, TIERRA PROMETIDA Y PARAÍSOS PERDIDOS

Solo voy con mi pena
sola va mi condena
correr es mi destino
para burlar la ley
perdido en el corazón
de la grande Babylon
me dicen el clandestino
por no llevar papel

Pa'una ciudad del norte
yo me fui a trabajar
mi vida la dejé
entre Ceuta y Gibraltar
soy una raya en el mar
fantasma en la ciudad
mi vida va prohibida
dice la autoridad...

Manu Chao

USA: UN MERCADO LABORAL CARNÍVORO

TESTIMONIO DE VÍCTOR SANDOVAL RECOGIDO Y TRANSCRIPTO POR JUAN CARLOS ROQUE

> Pienso que las cosas pudieron haber sido diferentes si todos los que trabajábamos con esa máquina hubiéramos hecho un paro de trabajo hasta que de verdad la repararan. Creo que nos venció el miedo por ser indocumentados y no poder solicitar otro trabajo con libertad en cualquier otro lado. Aparte de valor, también nos hizo falta un poco de orientación. Después de tantas malas experiencias, por fin ya sé que no importa el no tener papeles para exigir que se respeten los derechos de uno como empleado. Así me lo han hecho saber todos los abogados de compensación al trabajador que he consultado.
>
> Víctor Sandoval

Esquema biográfico

Víctor Sandoval nació el 4 de abril de 1977 en un pequeño pueblo llamado San José, en el departamento de Santa Rosa de Copán, en la República de Honduras. Él proviene de una familia campesina que vivía inmersa en la pobreza. Sin embargo, sus hermanos abogaron con su padre para que éste aceptara que Sandoval estudiara por lo menos una carrera corta para darle la oportunidad de alcanzar un mejor futuro que el de ellos. Fue así como a finales de 1995, a la edad de 18 años, Sandoval terminó su carrera como administrador de empresas. A principios de febrero de 1996, debido a las escasas esperanzas de encontrar un empleo para vivir de una manera más adecuada y para ayudar a sus padres económicamente, Sandoval decidió cruzar las sucesivas fronteras con el fin de llegar a los Estados Unidos. Al llegar a este país, Sandoval no tuvo ningún otro empleo más que el del restaurante en Los Ángeles en donde sufrió un accidente de consecuencias irreversibles en mayo de 1997.

1. Estados Unidos: el éxito como mentira

Lo que quiero platicar creo que tiene que ver no solamente conmigo, con lo que a mí me ha pasado, sino que también con lo que le

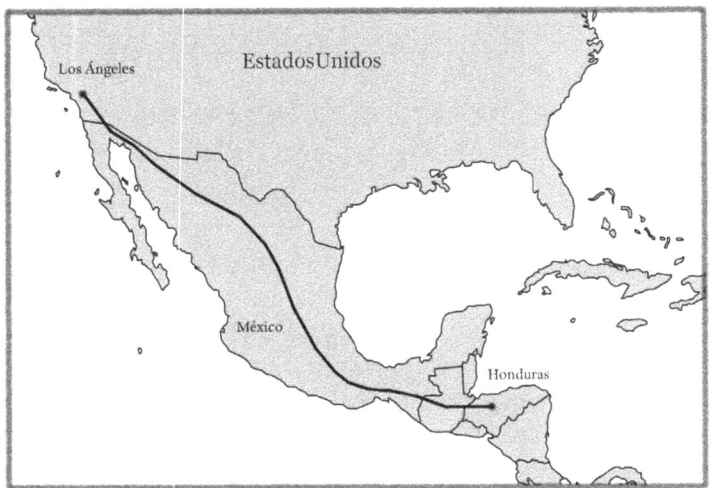

Viaje inmigratorio de Víctor Sandoval (escala 1 cm : 2503 km).

puede haber pasado o estar pasando a muchas otras personas que vienen a Estados Unidos como inmigrantes indocumentados igual que yo. Porque a decir verdad, por lo que yo me he dado cuenta, aquí hay muchísimas personas que han sufrido mucho y que quizás siguen sufriendo como yo y no pueden hacer nada para evitarlo. Tienen miedo de hablar porque no tienen papeles. Creen que al dar la cara pueden ser arrestados y entregados a migración para que los deporte a sus países.

Creo que la vida en este país no es nada fácil. No es como uno se la imagina o como se la pintan. Hay muchas personas que regresan de aquí a veces y le mienten a uno. Llegan diciendo que aquí se hace mucho dinero porque se gana bien y que hay mucho trabajo. Todo eso lo hace a uno decidirse a dejar todo en su país porque piensa que el venir a trabajar aquí es la mejor salida para los problemas económicos que uno tiene en su casa. A lo mejor a estas personas no les fue tan bien y quieren que otros vengan a sufrir al igual que ellos. No se sabe si lo hagan por envidia o nada más por burlarse de uno.

Recuerdo que la primera prueba de lo difícil que sería para mí la vida al llegar a Estados Unidos la tuve en el camino. Tuve que cruzar fronteras después de salir de Honduras para lograr entrar en México. Creo que lo más difícil del camino fue cruzar México. Aquí tuvimos que aguantar mucha hambre. Digo tuvimos porque éramos varios y de distintos países los que veníamos en ese grupo. Casi siempre teníamos que sobrevivir con una comida al día en las pequeñas casas donde nos dejaban hospedados mientras esperábamos el momento para seguir el camino. Era difícil también poder descansar porque por las noches teníamos a veces que caminar para aprovechar que la vigilancia era menor a la que había durante el día.

También debo decir que la situación para las mujeres era más difícil que para los hombres. A muchas de ellas, principalmente a las más jóvenes, las llevaban a diferentes lugares los encargados de cruzarnos la frontera. Nunca pude ver nada pero por lo que escuchaba creo que las llevaban a un lugar diferente para poder abusar de ellas. Todos veníamos decididos a aguantar todo en el camino pensando que al llegar a Estados Unidos todo sería diferente. Creíamos que sería fácil encontrar trabajo y hacer bastante dinero para poder pagar las deudas que habíamos dejado y también ayudar a nuestras familias que se habían quedado con la esperanza de ser ayudados. Yo hablaba con los demás y les decía que para mí lo más importante era llegar y que no importaba el sufrimiento en el camino. Yo quería empezar a trabajar en cuanto llegara aquí para mandarles todo lo que pudiera a mis padres para que pagaran la deuda que yo había dejado para cubrir los gastos del viaje. Además, sabía también que ellos necesitarían de mi ayuda. Por eso yo traía pensado agarrar cualquier trabajo al llegar, el primero que se me presentara para no perder tiempo. Creía que todo era sencillo. Pensé que ya con los meses podría escoger el trabajo que a mí más me gustara.

2. *El apoyo familiar*

A mí me costó muchísimo encontrar trabajo cuando llegue aquí. Tardé más de un mes sin poder encontrar algo. Mi único consuelo era mi primo Mario, un primo lejano con el que no había tenido mucho contacto antes pero que había ofrecido darme donde vivir en caso que yo pensara venirme. Recuerdo que me decía "No te preocupes primo, que mientras yo trabaje, a ti no te va hacer falta la comida, aunque más no sean frijoles, ni el techo donde dormir". La situación era mucho más difícil quizás que cuando estaba en Honduras. De no haber sido por el aliento que mi primo me daba, no sé qué hubiera pasado conmigo, estaba muy desesperado. Aquí, yo tenía la pena de mandar dinero para que mis padres pagaran deudas que yo había dejado. Sabía que éstas no hubieran existido de no haber decidido venirme. Ahora mis padres debían tener el dinero para pagarle a la persona que me había prestado para el viaje. Me preocupaba también el hecho de que mis padres se habían quedado sin un centavo por ayudarme a cumplir mi sueño. Recuerdo que lo peor de todo era que mis padres habían tenido que empeñar las escrituras de la casa para conseguir el dinero para el viaje. Era lo que más me entristecía. Ellos podían llegar hasta a quedarse en la calle si yo no cancelaba la deuda.

3. *"El primer y único trabajo"*

Recuerdo que yo llegué a Estados Unidos a mediados de febrero del 96, después de veinte días de camino. Se había pasado ese mes y casi hasta finales de marzo fue cuando logré encontrar mi primer y único trabajo que tuve en este país. Esto fue en un restaurante. En este trabajo casi siempre tuve que trabajar doce horas diarias. Nos pagaban el salario mínimo y a nadie de los compañeros ni a mí nos pagaban tiempo extra por más que trabajáramos veinte horas al día. Mis compañeros y yo no nos podíamos quejar porque sabíamos que de todas formas no teníamos papeles para buscar trabajo en cualquier lado y que también era difícil encontrar otro trabajo si no se tenía experiencia. También era peligroso andar buscando trabajo en cualquier lugar; al menos yo tenía mucho miedo de que me agarrara la migra. De esa manera podía perder la oportunidad de al menos recuperarme de los gastos.

Yo trabajaba en la parte de atrás de este restaurante que era de comida italiana. Allí teníamos que preparar los condimentos para que en la parte de en medio del restaurante los cocineros se encargaran de preparar las comidas. Por eso todos los de mi departamento teníamos que entrar a trabajar a las 4:30 de la mañana casi todos los días. Digo que casi todos los días porque nunca sabíamos qué día descansaríamos; nos turnaban para descansar sólo un día a la semana. Era un horario muy difícil para mí porque a esa hora no hallaba buses para llegar. Al principio, como mi primo llegaba de su trabajo casi a las 3:30 de la mañana, porque él trabajaba de noche, me iba a dejar en su carro. Pero para él era difícil porque a veces se dormía media hora y me decía que lo despertara a las 4:00 para que me fuera a dejar. A mí me daba mucha vergüenza pero lo tenía que hacer porque no tenía otra salida. Por suerte, después de casi seis meses conocí a unas personas, eran dos hermanos, que entraron a trabajar al mismo lugar y resultó que vivían casi a tres cuadras de donde yo vivía. Yo les comenté mi situación y ellos me dijeron que no me preocupara. Me dijeron que ellos tenían carro y que me podían pasar trayendo en la madrugada. Fue así como ya me pude empezar a independizar un poco. A estos compañeros sólo les daba para la gasolina de la semana. Me empecé a sentir mejor en el sentido de que ya no le causaba tantas molestias a mi primo, que ya bastante me había ayudado.

A veces yo llegaba muy cansado al trabajo porque no había descansado bien y siempre me tenía que despertar a las 3:30 de la mañana. Era muy complicado porque aunque regresara a las 5:00 de la tarde a la casa no me podía dormir a esa hora. Aunque tratara de dormirme temprano en la noche era difícil porque habían muchos ruidos. Sentía que lo que dormía no me sustentaba. Era muy feo levantarme a esa hora porque no me daban deseos de desayunar nada. Recuerdo que casi todos los que entrábamos a esa hora llegábamos sin comer. Alguien del grupo preparaba café para aguantar el sueño. Desde las 4:30 que entrábamos a trabajar no teníamos permiso de parar hasta las 8:00 para tomar el desayuno. Este descanso era de sólo quince minutos. Uno de los compañeros se encargaba de preparar el desayuno para todos los demás. Casi siempre lo que comíamos eran huevos, pues era lo único que estábamos autorizados a tomar porque era lo que utilizábamos para preparar la pasta. Nosotros éramos los que preparábamos el material para que los cocineros pudieran preparar sus comidas. Al menos ellos sí se comían lo que a veces dejaban los clientes. La única forma que los de mi departamento y yo que trabajábamos hasta atrás del lugar probáramos los postres o alguna otra comida buena era arruinándola para que no la pudieran vender. Nos poníamos de acuerdo para que alguien de nosotros dejara alguna marca en un pastel o un postre, por ejemplo, para mostrárselo al supervisor y que nos lo dejara comer, pues así ya no lo podían vender.

Recuerdo que nos turnaban para trabajar con la máquina de preparar la pasta. Cada uno debía trabajar con ella por una semana. Era una gran máquina. Ya tenía varios días que la habíamos reportado que no estaba trabajando bien pero los muy desgraciados no nos hacían caso. En una ocasión la llegaron a reparar pero casi no le hicieron nada porque a los pocos días ya estaba igual. Pero como no nos quedaba otra alternativa, teníamos que seguir trabajando a como nos tocara. La máquina estaba con conexión directa, nunca paraba. Supuestamente tenía que parar cuando uno le quitara la tapa para echarle los ingredientes para preparar la pasta pero no lo hacía. El quitarle la tapadera era como un seguro para que mientras uno metiera la mano para mezclar todo ésta no pudiera trabajar. Pero algo andaba mal con la máquina porque aunque uno le quitara la tapa para echarle y mezclar todos los ingredientes ésta nunca paraba. La única forma de que parara era desconectándola de la corriente, pues estaba directa.

4. *Las máquinas son sordas a los gritos*

Creo que de todo lo anterior, lo más malo todavía no había pasado, al menos en mi caso. Pasó mientras yo cumplía con la semana que me tocaba trabajar, como ya dije, con la máquina que estaba directa. Creo que allí llegó el día más triste de mi vida y el que me dejó marcado para siempre. Eso fue cuando tenía apenas un año y dos meses de trabajar en ese lugar.

Todo pasó un día que yo resbalé en la escalera que usaba para alcanzar la máquina. Por apoyarme, se me fue el brazo derecho para dentro y la máquina me lo empezó a moler. Nadie de los compañeros sabía qué hacer cuando se dieron cuenta. Dicen que fue uno de ellos quien le tuvo que buscar la conexión para desconectarla de la corriente, pues era la única forma de pararla. Cuando finalmente pude sacar el brazo ya estaba más corto que el otro. Era increíble la sangre que tiraba al piso. Nadie tenía valor de hacer nada, hasta que finalmente uno de los compañeros se atrevió a quererme envolver el brazo con unas toallas mientras llamaban a los paramédicos. Por fin éstos llegaron y me prepararon un poco para que no sufriera tanto mientras llegábamos al hospital.

Me llevaron a un hospital del condado, ahí me vendaron el brazo y me tuvieron sedado mientras se ponían de acuerdo sobre qué hacer conmigo. No tenía a nadie que me acompañara. Como yo todavía era menor de edad, tenía 20 años cumplidos, me dijeron que alguien mayor de 21 tenía que firmar la documentación porque lo más seguro era que iban a tener que amputarme el brazo. Gracias a que mi primo Mario llegó inmediatamente de que le avisaron, ellos pudieron seguir adelante con mi tratamiento. Yo me alegré un poco cuando él llegó porque pensé que se podría hacer algo por evitar la amputación. Mi primo habló mucho con los que me estaban atendiendo. Él les rogó que me trasladaran a un hospital donde estuvieran los mejores especialistas para que trataran por todas de salvarme el brazo. Pero como también cada vez se hacía más tarde y el accidente había sido por la mañana, la respuesta de ellos era que ya no había tiempo. Decían que si esperaban más me podía caer alguna mala enfermedad en el brazo y entonces empeoraba todo. También decían que los mejores especialistas estaban allí con ellos. Recuerdo que casi ya eran las 9:00 de la noche cuando me llevaron a la sala de operaciones. Mi pobre primo los siguió hasta la puerta y les rogaba que hicieran todo lo posible por salvarme el brazo. Los médicos contestaban que sólo había un 5% de posibilidad que eso pasara. Pero bueno, todavía teníamos una pequeña esperanza.

La pesadilla más grande e ingrata de mi vida, diría yo, llegó casi a la media noche de ese mismo día. Esto fue cuando desperté de la cirugía y me di cuenta que lo que me quedaba del brazo derecho sólo era la parte del codo para arriba. Me sentí, no sé cómo, no tengo palabras para describir ese momento de tristeza y de dolor. Era un dolor terrible el que yo sentía. Parecía que la anestesia no me hacía efecto. Desde ese momento no he dejado de sentir ese dolor, es un dolor fantasma como me han dicho los médicos. Sí, ellos me dijeron desde un principio que ese dolor era algo con lo que tendría que aprender a vivir. Es un dolor fantasma que me hace sentir por ratos como si me estuvieran estirando los dedos o la mano entera. Me han dicho que es porque el cerebro manda una señal mediante los nervios y éstos hacen como un descargue cuando llegan a la parte donde me cortaron. Recuerdo que fueron muy tristes los primeros días que me dejaron en ese hospital después de la cirugía. Yo sentía que ninguna anestesia me quitaba el dolor. También tuve muchos problemas con la alimentación. Como era un hospital público, no prestaban atención si yo comía o no. Tampoco les importaba si yo tenía mucho dolor. Cada vez que me quejaba las enfermeras me decían que todavía no era hora de la inyección. Un poco cambió la situación cuando por fin autorizaron mi traslado a un hospital especializado.

5. Las facciones interminables del dolor

La penitencia mejoró un poco cuando me sacaron para llevarme a un hospital ortopédico que era privado. Pues recuerdo que me llevaron allí porque en el hospital público se dieron cuenta finalmente que ellos no podían hacerme las otras cirugías de implantes de piel que yo necesitaba. Por fin, el seguro del trabajo tuvo que autorizar mi traslado. Aunque tampoco el sufrimiento paró ahí. Al ponerme en manos de médicos especializados sólo fue un pequeño alivio al sufrimiento. Digo esto porque allí fue donde empezó una cadena de cirugías para arreglar el mal trabajo de los primeros médicos. Me tuvieron que cortar más del hueso del brazo: primero porque los que hicieron la amputación lo habían dejado muy largo para poder cubrirlo con la piel y segundo porque ese hueso me seguía creciendo, por la edad, según los médicos.

Fueron más de dos meses los que estuve entre hospitales y centros de rehabilitación antes de poder volver a casa. Ahí me visitaban varios de los compañeros de trabajo para darme ánimo y para decirme que la vida seguía y que tenía que luchar por sobreponerme a los momentos malos. Para mí, una de las cosas más duras, aparte de lo que ya no tenía remedio, era cómo lo tomarían mis padres cuando lo supieran, principalmente por estar tan lejos y no poder venir a verme. Pensé que mi madrecita no soportaría el dolor de verme así, ya bastante tenía ella con sus enfermedades. Lo único que se me ocurrió, como única solución, fue pedirle a mi primo que me llevara con qué escribir al hospital. Como yo puedo escribir un poco con la mano izquierda, lograba acomodarme en algo. Así fue como desde allí les escribía cartas a mis padres para comunicarles que estaba bien pero que tenía mucho trabajo y no tenía tiempo para llamarles. Por suerte el golpe para ellos no fue tan fuerte cuando lo supieron porque se los pude decir yo directamente por teléfono cuando ya estaba en casa y me sentía un poquito recuperado.

Después de consultar con muchos médicos, porque me gusta hacer muchas preguntas cuando los visito, me ha quedado la impresión de que se hubiera podido hacer algo más por salvarme el brazo. Creo que el hospital donde los empleadores decidieron llevarme no era el adecuado, pues incluso ahí hay muchos cirujanos que aún están haciendo sus prácticas y no tienen experiencia. Me han dicho que el adecuado para ese caso era un hospital ortopédico y no un hospital público de la ciudad.

6. *Compensación injusta*

En fin, después de 12 años, sigo tratando de reacomodar mi vida. Sigo luchando en contra del seguro del empleador como el mismo primer día en que me accidenté. Porque es así. Recuerdo que desde el día del accidente andaban en el hospital los encargados de donde trabajaba ofreciéndome toda clase de ayuda con tal que yo no los demandara. Es más, después de que me amputaron el brazo, como me tenían en un cuarto con restricciones para la visita, el seguro del empleador mandaba a una enfermera de ellos a visitarme. Ella se hacía pasar por amiga de la familia para que le dieran acceso a entrar a verme y así lograr convencerme que no los demandara. También, una de las primeras cosas que supe que hicieron fue la desaparición de toda la maquinaria del departamento donde yo trabajaba. Esto según para que no hubieran pruebas de negligencia en el mantenimiento que ellos le daban a las máquinas.

Como decía, sigo peleando hasta la fecha y sin lograr nada. Lo único que he mantenido es el pago de dos terceras partes de lo que ganaba mientras trabajaba. Según dicen esto es lo que por ley le pertenece a toda persona que queda incapacitada por culpa del trabajo. Mientras que los especialistas han dicho que necesito cuidado médico de por vida y me han dado incapacidad completa, los del seguro siguen diciendo que no es cierto y que yo estoy joven para poder hacer cualquier trabajo si yo me lo propongo. Ellos dicen que el trauma y el dolor ya pasaron, que ya estoy recuperado y que los deje de molestar. Esta es una situación muy difícil para mí. No sé qué vaya a pasar en el futuro. No sé si por fin vaya poder lograr una compensación justa. Me doy cuenta que ellos prefieren gastarse todo el dinero posible en cualquier tipo de abogado para que pelee ante un juez, antes que aceptar darme una compensación justa. Algo que también juega en mi contra en cuanto al dinero que recibo para sobrevivir es el hecho que esto esté basado en el salario mínimo. Cuando yo trabajaba me pagaban el sueldo mínimo y de acuerdo a ello me pagan las dos terceras parte ahora. Por más que éste ahora haya aumentado, nunca me alcanza para cubrir todas mis necesidades como tendría que ser. Pienso que las cosas pudieron haber sido diferentes si todos los que trabajábamos con esa máquina hubiéramos hecho un paro de trabajo hasta que de verdad la repararan. Creo que nos venció el miedo por ser indocumentados y no poder solicitar otro trabajo con libertad en cualquier otro lado. Aparte de valor, también nos hizo falta un poco de orientación. Después de tantas malas experiencias, por fin ya sé que no importa el no tener papeles para exigir que se respeten los derechos de uno como empleado. Así me lo han hecho saber todos los abogados de compensación al trabajador que he consultado.

7. Emigrar: "La necesidad es cruel"

Creo que de haber sabido todo lo que me sucedería al dejar mi país, jamás hubiera pensado en ello. Para ser más claros, de haber sabido todo lo que me pasaría en el lapso de poco más de un año de haber llegado aquí. En realidad apenas había logrado pagar las deudas y no tuve la oportunidad de ayudar a mis padres como yo hubiera querido durante ese tiempo. En fin, nadie es sabio.

Como dije en un principio, lo que me pasó y me sigue pasando les puede estar pasando a muchas más personas que han llegado aquí con las mismas ilusiones que me hicieron a mí dejar todo atrás para buscar algo mejor. Creo que la necesidad es cruel, principalmente la necesidad económica. El problema de no encontrar una salida o un apoyo en nuestros países nos hace aventurarnos sin saber lo que va a pasar. Yo creo que la corrupción que existe por parte de los gobiernos en mi país hace que las necesidades económicas de uno, de su gente, sean cada vez más graves. Si allá existieran más fuentes de empleo y mejores salarios yo creo que muchos no tendríamos la necesidad de abandonar a nuestras familias para salir a buscar aventuras en un lugar desconocido. En mi país no existe garantía de estabilidad ni para el que se prepara, a no ser que logre unirse a los corruptos. Todas esas cosas también me llevaron a dejar mis estudios en administración de empresas para probar algo distinto. Yo veo a los gobiernos nuestros, porque creo que es lo mismo en toda Centroamérica y quizás en toda Latinoamérica, como los primeros culpables de que uno abandone su país y su familia. Como repito, ¿cuántos inmigrantes estamos aquí por culpa de la pobreza y falta de oportunidades en nuestros países? De haber tenido mejores oportunidades, mejores esperanzas de salir adelante en mi país, yo no hubiera pensado en venir a sufrir lo que he sufrido desde que llegué aquí; nada de esto quizás me estaría pasando. Dicen que la necesidad es cruel. En fin, lo principal es que aún estoy vivo.

ALGUIEN COMO YO

TESTIMONIO DE CRISTINA RIVERA RECOGIDO Y TRANSCRIPTO POR ANA CECILIA IRAHETA

Galán vos, que tenés papeles y podés ir a El Salvador cuando querés. Alguien como yo no puede darse esos lujos. ¿Te acordás cuando casi se muere mi mamá? Alguien como yo no puede darse esos lujos. Me acuerdo cuando casi se muere mi mamá. Yo casi me muero también aquí. (...) Nosotros los ilegales no podemos reclamar nada, no tenemos derechos, es como si no existiéramos. (...) ¿Vos creés que a mí me gusta estar aquí, de arrimada, rogando que me den trabajo? Yo de mi parte estuviera allá en El Salvador con mi hijo, ahora que más me necesita; con mi marido, porque si yo estuviera allá él no se hubiera ido con otra.

Cristina Rivera

Esquema biográfico

El siguiente es el testimonio de una mujer inmigrante, indocumentada, de origen salvadoreño, quien vive en la ciudad de San Fernando, California desde el año 2002.

Cristina Rivera vive en la casa de su hermana Rita junto con su cuñado Chente y su sobrino Kevin. La hija mayor de Cristina es Rosi, quien vive en Miami con su compañero Héctor y Jacquelyn, la pequeña hija de ambos. En El Salvador viven Santiago, el esposo (que en el presente se ha juntado con otra mujer y es prácticamente "como si fueran nada") y Julito, el hijo menor de Cristina.

1. *Mi desempleo / tu deber*

Este plan telefónico es bueno para alguien como yo. Antes a mí me daba pena tener que estar usando el teléfono de la Rita a cada rato, más cuando una vez Chente le dijo a Kevin delante de mí que ese teléfono sólo era para emergencias. Yo sé que él se lo dijo porque el cipote sólo hablando por teléfono con su novia pasaba,[1] pero de todos modos yo me sentí mal y ya traté de no usarlo. Entonces le

---

1. Cipote: niño. Puede ser también un adolescente o un joven. Aunque el término se usa originalmente para referirse a un niño su uso es relativo:

dije a la Rita que me sacara un celular con contrato a nombre de ella porque como no tengo papeles a mí no me lo dan. Es bien caro, no como éste que acaba de salir. Lo malo es que con éste no se puede hablar para El Salvador, y yo a Julito le hablo por lo menos dos veces a la semana. Hoy, así sin trabajo, a saber si lo voy a poder seguir pagando. No sabés lo desesperada que me siento. Ya son dos meses. A veces me dan ganas de llorar. Fijate, quedarme sin trabajo ahora que es cuando más necesito para mandarle a Julito para que se arregle sus dientes. Y todo por no tener papeles. Porque si yo tuviera un seguro bueno aunque sea, allí en la fábrica a mí me aceptan al chilazo porque ya me conocen y saben cómo trabajo.[2] Si cuando me descansaron hasta me dijeron que con sólo una carta que dijera que mis papeles están en proceso, con eso me daban el trabajo otra vez. Si no hubieran revisado los papeles de todos los trabajadores yo todavía ahí estuviera, pero por estas nuevas leyes tuvieron que checar a todos los empleados. No sé por qué tanto odio contra la gente, si uno vino aquí a trabajar, a ganarse la vida honradamente. No sé por qué no nos dejan. Y lo peor es que hay tanta gente con papeles que ni trabaja, y a ellos no les pasa nada.

Yo quisiera que este deber que vos decís que estás haciendo sirviera de algo.[3] Que alguien en el gobierno lo leyera y que se diera cuenta lo que sufrimos las personas como yo, porque mi historia es la misma historia de muchas. Yo tengo amigas que he conocido en la fábrica que me cuentan sus problemas y son igualitos a los míos, algunas están hasta pior que yo porque no tienen ni familia para compartir el fin de año. Si yo te contara todo estoy segura que bien pudieras hacer un libro, porque es tanto. Mejor vos me preguntás y yo te contesto.

2. *El trabajo*

Me llamo Cristina Hernández de Rivera. Aunque eso de "de Rivera" yo ya ni lo digo porque como el dicho Santiago ya se endamó con otra, es como si ya no fuéramos nada.[4] Yo me vine para acá hace cuatro años con mi hija Rosi porque allá en El Salvador la situación estaba muy difícil, ya no podíamos vivir sólo con lo que ganaba

---

un anciano puede llamarle cipote a un adulto de 30 años. En este caso, el cipote Kevin, es un adolescente.

2. Chilazo: Rápido, inmediatamente.

3. Deber: Tarea escolar.

4. Endamarse: Acompañarse, irse a vivir como pareja en unión libre.

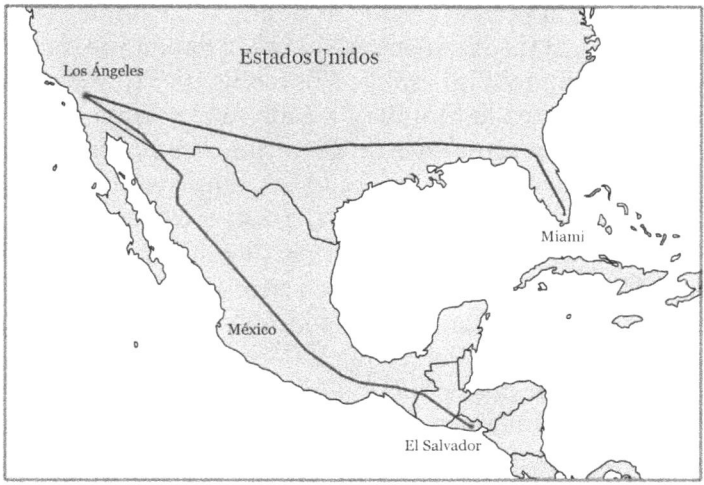

Itinerario de Cristina Rivera de Usulután, El Salvador, a Los Ángeles, California, en 2002; e itinerario de Rosi, la hija, desde Los Ángeles hasta Miami, Florida, seis meses después (escala 1 cm : 2503 km).

Santiago. Antes de venirme quedamos en que tan pronto pudiera lo iba a mandar a traer a él y a Julito nuestro hijo menor, pero como pasó tanto tiempo él se fue con otra mujer desde hace como un año, y Julito se fue a vivir donde mi mamá. Siento que no valió la pena tanto sacrificio, tanto que se mata uno aquí trabajando y ni puede uno vivir bien, tranquilo, con su familia, como debería de ser.

   A la gente como yo le toca trabajar en fábricas. A mí así me ha tocado desde que llegué. La primera en la que trabajé era una empacadora de cosméticos. Allí trabajaba también la Rosi antes de que se me fuera para Miami. Al principio me iba bien porque nos daban las cuarenta horas, lo que pasaba es que no me abundaba el dinero porque como había que pagarle a la Rita el pisto del viaje.[5] Cuando la Rosi se fue, a mí me quedó toda la deuda. Doce mil dólares por las dos nos cobró el coyote, doce mil dólares que hasta hace seis meses terminé de pagarle a la Rita. Tres años y medio pasé pagándole. Menos mal que ella nunca me exigió que le pagara más pronto, porque como ella sabe que yo tengo obligaciones allá en El Salvador. Si no, a saber cómo me hubiera ido, hasta hubiera tenido problemas con ella como esta amiga que te digo que no tiene a nadie para pasar el año nuevo. Fijate que como la tía de ella le prestó el pisto para venirse para acá, ahora la señora le quiere administrar todo lo que

5. Pisto: dinero.

ella gana. Como la pobre no sabe ni dónde ir a cambiar su cheque, se lo da a la tía y la tía allí mismo se cobra la deuda y le da nada más un poquito de dinero a mi amiga. Pobrecita, dice que se siente mal porque los familiares la humillan a cada rato porque como ella no habla inglés ni tiene papeles la quieren tratar como sirvienta. Como ellos ya tienen bastante tiempo de vivir aquí ya se les olvidó que ellos también fueron como nosotros. Yo a veces también me siento mal porque no estoy en mi casa. Yo sé que la Rita es mi hermana, pero de todos modos yo ahí estoy de arrimada.[6]

En esa fábrica nos descansaron a todos porque se la llevaron para otra parte. Los dueños dijeron que les salía muy caro tenerla aquí y se la llevaron quién sabe para dónde. Yo me desesperé y agarré un *part-time* en un restaurante porque no encontré de otra. El *manager* de ese lugar era un salvadoreño que trataba mal a los empleados y que como ya hablaba inglés se creía la gran cosa. Alguien como yo no puede trabajar tranquila en esos lugares porque le cambian el horario a uno a cada rato, nunca dan tiempo completo y seguido están chequeando los papeles de los empleados para ver si son buenos. Además yo siempre tenía el gran miedo de que llegara migración y me deportaran. Imaginate, ¿qué voy a ir a hacer yo allá en El Salvador?, si aquí no encuentro trabajo, allá mucho menos. Cuando me fui de ahí yo de todos modos quise agradecerle al *manager* por haberme dado trabajo, pero el muy hijueputa ni siquiera me vio a los ojos cuando yo le estaba hablando. Así, con un aire de grandeza me dijo "Sí, está bien, de nada", viendo para otro lado.

De ahí empecé a trabajar en otra empacadora de cosméticos en la que estuve hasta hace dos meses cuando me despidieron porque revisaron los papeles. Todo ese tiempo me fue bien porque hasta me conseguí un *part-time* de cuatro horas en otro lugar donde empacaba teléfonos celulares. Catorce horas al día trabajaba. Salía de la casa a las cuatro de la mañana y no regresaba hasta como a las seis de la tarde. Quedaba bien cansada al final del día, pero sólo así logré empezar a ahorrar, según que para hacer mi casa allá en El Salvador, pero hoy que me quedé sin trabajo me he gastado todo lo que ahorré. En las dos partes me pagaban el mínimo, pero por lo menos tenía trabajo seguro y eso me hacía sentir bien. En el *part-*

---

6. El término "arrimada" o "arrimado" se usa en El Salvador para referirse a una persona que no pertenece al núcleo familiar del hogar en el que vive. Usualmente una persona que está arrimada no paga alquiler; sin embargo, es responsable de gran parte de (si no es que de todas) las tareas domésticas.

time a veces nos decían que si nos queríamos quedar más tiempo y yo me quedaba, iba llegando a la casa hasta como las ocho de la noche. Allí me hice amiga de mucha gente. Había mexicanas, guatemaltecas, hondureñas, de todas partes y la mayoría eran como yo que no tenían papeles.

Vos decís que como yo soy chele no me agarra la migra,[7] pero yo de todos modos tengo miedo porque como no hablo inglés, rapidito me van a cachar que no soy gringa. Si supiera un poquito de inglés, sí tuviera valor de irme para donde la Rosi, tal vez allá encuentro trabajo, porque aquí así como están las cosas me parece que nunca voy a encontrar. La Rosi me cuenta que allá hay bastante trabajo, pero yo a veces creo que son mentiras porque ella no se va de ese lugar donde está trabajando aunque a veces no le paguen. Es que a la gente como nosotros la joden en cualquier parte, aunque uno sea blanco y tenga pelos de elote.[8] Ya ves ella cómo es, chele igual que yo y de todos modos dice que allá los cubanos son bien racistas. La misma gente de uno es la que jode. A mí los gringos nunca me han hecho nada, mi propia gente es la que me ha hecho cosas. La Rosi me cuenta que el dueño del restaurante donde trabaja les paga cuando a él se le antoja pagarles y como ninguno tiene papeles no le pueden reclamar porque les puede echar la migra. Muchos lo que hacen es irse a buscar por otro lado y se van sin cobrar todo. Así es como él se ahorra dinero, contrata la gente y se tarda en pagarles para que la gente se vaya sin cobrar. Pobrecita mi hija, le está tocando difícil igual que a mí. Hace como seis meses me llamó para pedirme dinero prestado, no tenían cómo pagar la renta porque Héctor se había quedado sin trabajo. A él casi lo agarra la migra una vez en el trabajo. Dice que alguien llamó a los de migración para denunciarlos a él y a otros y que de milagro se salvó él de que lo agarraran. Yo por eso siempre ando con el corazón en la mano, viendo para todos lados a ver que no vaya a venir la migra. Por andar tratando de evitar que me agarren es que ni siquiera he aprendido a andar en el bus, siempre he buscado alguien que me de raite para el trabajo,[9] una compañera. En esta última fábrica de cosméticos me llevaba la Gloria. Como ella sí tiene papeles y el marido también, habían sacado un carro a crédito y nos daba raite a cuatro que trabajábamos

---

7. Chele: de piel blanca.

8. Pelos de elote: Cabello rubio.

9. Raite: Viajar solicitando transporte gratis a otra persona; del inglés "raid".

ahí mismo. A ella le salía bien porque cada una le pagábamos veinte dólares semanales. De allí seguro pagaba el carro y lo que ganaba en la fábrica le quedaba libre. Ella tiene que andar trabajando en fábricas así como yo porque todavía no ha aprendido inglés, imaginate y ella que tiene papeles y como veinte años de vivir aquí. Si yo tuviera papeles yo no desperdiciaría el tiempo, me consiguiera otra clase de trabajo para que así me quedara tiempo de ir a la escuela a aprender inglés.

3. *Los papeles*

Galán vos,[10] que tenés papeles y podés ir a El Salvador cuando querés. Alguien como yo no puede darse esos lujos. ¿Te acordás cuando casi se muere mi mamá? Yo casi me muero también aquí. Me sentía impotente, porque aunque tenía dinero suficiente para poder pagar el pasaje, si iba no podía regresar. Hubiera tenido que pagar otros seis mil dólares o quizás más y pasar otra vez todo aquel sufrimiento, aguantando frío y hambre para llegar aquí otra vez. Gracias a Dios que mi mamá se mejoró. Cuando la Rosi tuvo a la Jacquelyn fue otra vez que desié con toda el alma tener papeles para poder irme a estar con ella cuando tuviera la niña. Pobrecita, a ella solita le tocó estar en el hospital el día del parto porque a Héctor le tocó trabajar.

Con estas nuevas leyes cada día se pone más difícil encontrar trabajo.[11] Yo quisiera que Hillary ganara para que cambiara estas leyes. Ella como es mujer ha de ver las cosas de otra manera y tal vez nos ayuda. La Rita va a aplicar para la ciudadanía el próximo mes, ojalá que le den ganas de ayudarme a arreglar mis papeles. Ya me dijo que puede hacer una carta de invitación para que Julito vaya a ver si le dan una visa. Ojalá sea cierto, tengo cuatro años de no ver a mi hijo. Hay gente que me dice que me case con un gringo para que me salgan los papeles, pero yo no soy capaz de hacer esas cosas. Imaginate si Santiago se da cuenta que estoy casada aquí lo que va a decir, más con la gente de allá del pueblo como es de chambrosa.[12] La Rosi por lo menos tiene esperanzas que la Jacquelyn le arregle los papeles algún día, para ella y para Héctor la niña es la única es-

---

10. Qué bueno que; ¡qué bien!

11. Se refiere a una serie de medidas establecidas durante los últimos años del Gobierno de George W. Bush (2007-2008) dirigidas a frenar el flujo de inmigración indocumentada.

12. Chismosa.

peranza. Se van a tener que esperar a que ella crezca, pero el tiempo pasa rápido.

Vieras lo mal que me siento cuando me dicen en los trabajos para los que voy a aplicar que no me pueden dar empleo porque mis papeles son chuecos.[13] Y lo peor es que se lo dicen a uno enfrente de todos para humillarlo. En el último lugar al que fui me salió una mujer bien grosera que me gritó delante de todos que ahí sólo aceptaban gente con papeles buenos, que los que yo andaba no eran buenos y que si ella quería ahí mismo podía llamar a migración para que me llevaran por andar queriendo conseguir trabajo con documentos falsos. Yo me puse verde y después roja y después más chele de lo que soy por la vergüenza. Nada le costaba a esa mujer decirme cualquier otra cosa, que ya no había trabajo, que me iba a llamar otro día, cualquier otra cosa en vez de abochornarme enfrente de toda la gente. Y yo creo que era salvadoreña, de esas que les da pena decir que son de El Salvador pero que de todos modos se les nota que son de allá. Te digo, mucha de nuestra gente media vez sacan papeles y aprenden un poquito de inglés ya se sienten con derecho de verlo a uno con desprecio. No había necesidad de que me abochornara delante de todos. Los gringos a mí nunca me han hecho ningún daño ni me han abochornado y eso que he ido a un montón de partes donde me han atendido gringos. Después de que me piden los papeles y los revisan siempre me llaman aparte y me dicen que me van a llamar por teléfono al haber una oportunidad. Yo sé que nunca me van a llamar porque se han dado cuenta que mis papeles son falsos pero lo que te quiero decir es que nunca me han humillado ni me han amenazado con echarme la migra. El caso es que los únicos que me han salido groseros son los latinos.

Ser ilegal es bien yuca,[14] tenés que andar con el ojo al Cristo todo el tiempo, viendo para todos lados, pendiente, cuidándote de la migra, cuidándote de la demás gente que se quiere aprovechar de vos, cuidándote para no enfermarte porque como no tenés seguro médico, si te enfermás te jodiste. ¡Cómo son las cosas! Aquí hasta enfermarse es un lujo que la gente como yo no se puede dar. En los cuatro años que tengo de estar aquí sólo me he enfermado dos veces, una vez de gripe y otra de dolor de cabeza. Las dos veces me he curado con medicinas que me manda mi mamá desde El Salvador. Siempre le pido antibióticos para tener guardados por cualquier cosa, uno

---

13. Falsos.
14. Difícil.

nunca sabe cuándo se va a enfermar y aquí sin receta no le venden medicinas a uno. Tengo guardadas pastillas de todas clases y hasta inyecciones que me han mandado de allá. A los que sí tienen papeles les dan seguro médico después de que tienen seis meses de estar en un trabajo. Yo bien tuviera seguro porque estuve dos años y medio en esa fábrica, pero nunca he tenido por ser ilegal.

Nosotros los ilegales no podemos reclamar nada, no tenemos derechos, es como si no existiéramos. Ya ves a la Rosi lo que le pasa, el jefe le paga cuando le dan ganas. A mí me maltratan y me humillan por no saber inglés y no tener papeles. No podemos viajar tranquilos. Yo hasta a los guardias de seguridad les tengo miedo porque pienso que son de la migra. Y ahora ni siquiera podemos pedir trabajo porque pedir trabajo es delito.

4. *El Salvador*

¿Vos creés que a mí me gusta estar aquí, de arrimada, rogando que me den trabajo? Yo de mi parte estuviera allá en El Salvador con mi hijo, ahora que más me necesita; con mi marido, porque si yo estuviera allá él no se hubiera ido con otra. Julito no se quedó con Santiago porque el papá empezó a tomar demás y no le ponía atención. El pobre niño se iba para la escuela con la ropa sin planchar. Ya se estaba haciendo bien rebelde en la escuela dice mi mamá, por eso le dije a ella que se lo llevara. Mi hijo ya está bien grande. Vieras que se ha dejado crecer el pelo, se ve bien bonito y ahora es el mejor jugador del equipo de básquet del instituto. Si él logra venir con la carta de invitación que dice la Rita que le va a hacer yo no quiero que se quede a vivir aquí. Yo no tengo tiempo de cuidarlo y ahorita en la edad que está es cuando él más necesita que alguien esté al cuidado para que no agarre mal camino. Quince años, imaginate, a esa edad uno le hace más caso a los amigos que a los papás y si él se queda aquí hasta se me puede hacer marero.[15] Ahorita él dice que quiere estudiar para ser profesor, así que mejor que se quede allá, yo le voy a ayudar en todo a mi hijo.

A Santiago ya no le he mandado dinero porque lo ocupa sólo para tomar o para gastárselo con mujeres. Mi papá hasta lo ha tenido que llevar a un lugar de rehabilitación de alcohólicos por tan mal que se ha puesto, pero no escarmienta. Él nunca fue malo conmigo, siempre me daba todo el cheque completo y nunca me exigió nada. Él no era como los demás hombres que quieren que la mujer esté

---

15. Pandillero.

en la casa encerrada todo el tiempo. Él me quería y yo también a él, pero ya no podíamos vivir sólo con lo que él ganaba y por eso decidí venirme para acá. A la Rosi me la traje para que se olvidara de Héctor, su novio, con el que andaba de necia. Pero la mona estaba bien enamorada y a los seis meses de haber llegado se fue de escondidas a encontrarse con él en Miami. Ya tienen una niña, la Jacquelyn, mi primera nieta. Está bien bonita porque se parece a mi abuela Tina.

Mi mamá y mi papá están bien. Ella tiene diabetes y casi se muere hace como un año, pero gracias a Dios se mejoró. La Rita y yo les mandamos dinero a los dos para que la vayan pasando, como están viejitos ya no pueden trabajar como antes. Yo les mando para ellos y para Julito por eso es que estoy tan desesperada, porque en estos dos meses ya casi me gasté lo poco que había ahorrado y ya para el próximo mes no les voy a poder mandar. Pobrecito mi hijo, no está ni con su mamá ni con su papá. Yo a veces cuando estoy bien desesperada le digo que me voy a ir para allá para estar con él pero él me dice que de qué vamos a vivir si yo me regreso para allá.

O sea que de todos modos estoy jodida. No me puedo regresar para El Salvador porque allá no hay de qué vivir y aquí ya no puedo vivir porque no hay en qué trabajar. Te digo, es dura la vida para alguien como yo.

EL TRAUMA DEL "CRUCE" COMO LUCHA CONTRA LOS FACTORES NATURALES

TESTIMONIO DE KEIRY LEÓN RECOGIDO Y TRANSCRITO POR VALENTIN GONZÁLEZ-BOHÓRQUEZ

Esa noche recuerdo que el río estaba más crecido que la noche anterior. Entre el grupo venían cinco muchachos hondureños, me imagino que eran conocidos o amigos. Sólo recuerdo haber escuchado los gritos y llantos de ellos porque uno de sus amigos había sido arrastrado por el río. Les suplicaban a los coyotes que los ayudaran. Ellos dijeron que no podían hacer nada, que si el muchacho se había ahogado eso era algo muy normal que sucedía en el río. En todo el camino escuchaba los llantos de esos muchachos.

Keiry León

Esquema biográfico

Keiry León nació el 17 de julio de 1983 en la localidad de Soyapango, departamento de El Salvador en la República de El Salvador. Emigró hacia los Estados Unidos cuando tenía 23 años junto con su hermano de 18 años. Como muchos otros inmigrantes centroamericanos indocumentados, pagó una alta suma de dinero a coyotes que se encargaron de llevarlos por una ruta compleja, ardua y extensa desde su país de origen hasta los Estados Unidos. Su historia describe los sufrimientos y privaciones padecidos mientras eran transportados de un lado a otro en autobuses y camionetas, escapando de la policía y de los agentes de migración. Aquí, en los Estados Unidos su existencia no se ha desarrollado de un modo más pleno; estando limitada por la discriminación, la inseguridad y la falta de trabajo.

Introducción

Yo me vine en el año 2006. Cuando estaba en El Salvador estaba estudiando en una de las universidades públicas. Me vine porque somos cinco hermanos, pero una de ellas, mi hermana mayor está aquí. Me vine porque amo mucho a mis padres y ellos estaban atra-

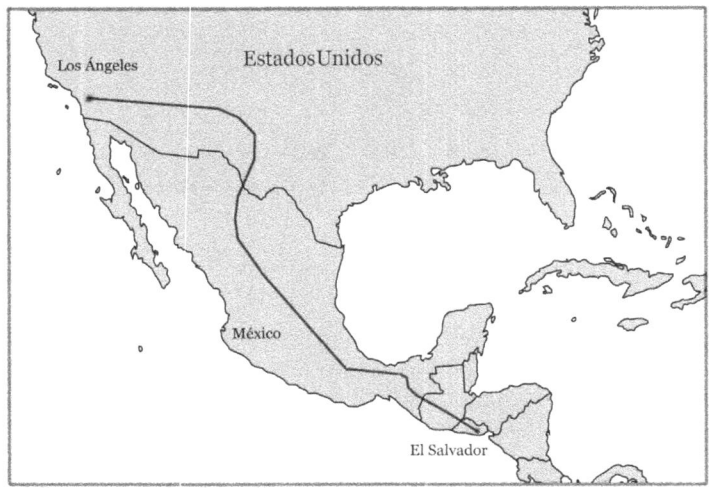

Trayectoria del cruce de Keiry León de Soyapango, El Salvador,
a Los Ángeles, California, en 2006 (escala 1 cm : 2503 km).

vesando un momento muy difícil de separación. Entonces mi mamá
se iba a quedar a cargo de nosotros cuatro. Mi madre trabaja en un
mercado vendiendo granos básicos. En aquel entonces pensé que
la mejor solución era venir para acá y ayudarles a mis padres para
hacerles menos, no sé cómo usar esas palabras, para hacer menos
intensa la pobreza por la que estaban pasando.

1. La decisión y sus rituales

Fue entonces cuando decidí salir un 31 de mayo del 2006 de mi casa
junto con mi hermano menor que tenía entonces unos 18 años. Yo
tenía 23 años. Mi mamá dijo que lo mejor era poder salir de ese país
bajo la bendición de Dios y la bendición de ella. Dijo que era necesario someterse a siete vigilias y por siete noches estuvimos orando
y pidiéndole a Dios que nos capacitara y fortaleciera para ese duro
viaje. Ella dijo que quería orar por nuestras piernas para que tuviéramos fuerza y valentía en el camino.

Pensé que no iba a sufrir mucho porque el coyote con el que mi
mamá había hablado se había hecho pasar por un hombre muy responsable que nos iba a tomar desde allí y nos iba a traer hasta acá.
Él le había dicho a mi mamá que nosotros íbamos a venir todo el
camino en carro y que no íbamos a sufrir nada. Entonces tomamos
un taxi y llegamos hasta Guatemala. Llegamos a un supuesto hotel,
porque no era un hotel, era una casa vieja abandonada. Y desde ese

momento comenzó nuestro sufrimiento.

Nunca más volvimos a ver al coyote que supuestamente era el que nos iba a traer. En todo ese tiempo los que nos traían eran guías transitorios. Si acaso los habríamos conocido de vista porque eran muchachos diferentes siempre. Estos guías tomaron la opción de que nos viniéramos en los buses que van hasta la frontera con México, de donde muchas veces nos bajaron los policías de Guatemala y nos iban a permitir subirnos con la única condición de que les diéramos quetzales a cambio.[1] Fue entonces cuando llegamos a una casa que está mismito ahí en la frontera de México. Permanecimos ahí por cinco días, no había agua, no nos podíamos bañar y nos daban de comer una vez al día. Éramos unas 40 personas, de las cuales todas eran hombres y sólo yo mujer. Entonces nos dejaban separados de tres a cuatro personas en diferentes paradas de buses. Dijeron que nosotros íbamos a conocer el vehículo en el que nos teníamos que subir por un trapo colgado en el frente. No sé cómo se llaman esos buses, supuestamente son los buses que hacen viajes de mediana distancia allá en México.

2. *Los clavados*

Nos vinimos en lo que comúnmente los coyotes llaman clavados. En aquel momento yo no tenía ni idea de lo que podía ser un clavado. Pero no me di cuenta hasta que nos subimos al bus de lo que se trataba. Imagínese, un bus normal, un poco larguito pero es un bus, y en la parte de atrás le han hecho un hueco que a simple vista nadie puede notarlo. Nos metimos por una aberturita que le habían hecho y cuando nos metimos cerraron la abertura con tornillos. Entonces adentro de ese hueco van dos pequeñas tablitas. Teníamos que meter una pierna en medio de la pierna de otra persona y así todos. Nos advirtieron que dentro de ese hueco por muchas horas no íbamos a tener mucha respiración. Respirábamos a través del doble cañón de escape. Dijeron que cuando el bus se parara en alguna caseta donde los detuvieran los policías mexicanos, iban a cerrar la entrada de aire para que a los policías no les pareciera nada sospechoso. Fueron quince largas horas las que permanecimos así. Nuestros cuerpos iban adoloridos, teníamos mucha sed, y de tantas largas horas de encierro muchas de las personas vomitaban. No fue hasta esa noche que decidieron sacarnos un poquito, pero con la condición de que no hiciéramos mucho ruido, si no ya sabíamos

_____

1. Quetzales: Moneda oficial de Guatemala.

lo que nos tocaba, que era que nos iban a encerrar y ya no tendríamos la opción de volver a salir, ni siquiera a estirar el cuerpo. Nos llevaron un bote grande que dijeron que era donde íbamos a hacer nuestras necesidades fisiológicas y pues en ese bote puede decirse que todos hicimos nuestras necesidades. Llevaron una botella de agua y de esa tomamos todos y nos volvieron a encerrar por otras doce horas en el clavado.

3. *Hasta llegar al Río Grande*

Llegamos hasta Piedras Negras, más cerca de los Estados Unidos. Nos llevaron nuevamente a otra casa donde permanecimos por aproximadamente una semana. No nos comentaban nada, pero sí escuchábamos los comentarios entre ellos. Escuchábamos que no podíamos salir porque la situación estaba muy difícil, ya que habían muchos policías en la frontera. Cuando estábamos en la casa no había mucha opción de bañarnos porque no había mucha agua. Comíamos una vez al día. Era, ¿cómo se llaman?, hay una comida de los mexicanos que se llama jugo en su salsa verde y Coca-Cola. Después de eso nos sacaron a todos de esa casa, decidieron llevarnos en otro bus. En ese bus ya no nos escondimos, ya lo que son los *drivers*, ellos ya saben quiénes son las personas que se van a subir. Esa noche, el bus nos dejó en frente del desierto. Llegamos hasta una casa que está en el desierto, dormimos en el suelo. En la mañana nos sacaron de la casa y nos escondieron en unos matorralitos. Eso iba a ser el principio de comenzar a caminar en el duro desierto. Ya no teníamos mochilas, ya no teníamos ropa, no teníamos nada. Nos lo quitaron todo en esa casa. Dijeron que no podían correr el riesgo de que lleváramos todo eso en el camino. El poquito de dinero que teníamos nos lo pidieron, que supuestamente con eso nos iban a comprar comida y ropa. Fue entonces cuando comenzamos a caminar hasta que llegamos al Río Grande.

 Allí en el río esperamos aproximadamente una hora porque los coyotes decían que el río había crecido y que no era momento de pasar. Eran como las seis de la tarde; dijeron que lo más aconsejable era que llenáramos las botellas de agua que nos habían dado para poder pasar el río más tarde. Hubo un momento en que el río bajó sus aguas; entonces fue cuando ellos decidieron que todas las personas se quitaran su ropa para poderlo pasar. Pero que como mujer que soy fue uno de los momentos más duros y vergonzosos de mi vida porque tuve que pasar el río obligada en ropa interior. Estando al otro lado dijeron "Ahora es el momento en que vamos a comenzar a caminar". Fue entonces cuando todos agarraron sus botellitas de agua y comenzamos a caminar. Era duro ese momento porque en nuestros pies se metían espinas. Eso sangraba mis pies y me impedía caminar. Sentíamos la incomodidad de llevar ajos en nuestros pies.[2] Dijeron que eso teníamos que ponerlos en nuestros zapatos para poder espantar a las culebras. Escuchábamos cómo los coyotes aullaban. Los coyotes que nos llevaban a nosotros nos decían, "No se espanten, porque si permanecemos juntos no nos van a hacer nada".

Teníamos una clave para obedecerles; era el número "siete". El coyote principal decía que cuando nos dijera siete era la clave para podernos agachar y correr a escondernos. Habríamos caminado aproximadamente dos horas cuando ellos se detuvieron. Dijeron "¡Siete!" y nos detuvieron. Fue entonces cuando nos agachamos. Recuerdo haber sentido mucho cansancio y muchas ganas de sentarme y me fijé en lo que parecía una piedra. Quise sentarme pero cuando me acerqué más vi que lo que se desenrolló fue una gran culebra que pasó al lado de todos nosotros atemorizándonos. Una vez más fuimos intimidados por los coyotes diciéndonos que no hiciéramos bulla porque si no nos iban a dejar en el camino. En ese momento, los coyotes detectaron algo. Minutos después se dieron cuenta que era un avión. No sé cómo llaman a los que buscan a los inmigrantes, pero son de unos que se paran en el aire y pueden detectar a uno desde arriba. Éramos cuarenta personas y la migra nos había detectado. Eso significaba que teníamos que correr de nuevo hasta el río. Si habíamos caminado dos horas, para regresar hasta el río corrimos una hora. Durante todo ese lapso que veníamos corriendo, sentía que ya no iba a poder llegar hasta el río. Llegamos como pudimos. No sentí en qué momento nos aventábamos desde el borde hasta caer casi cerquita hasta donde está el agua. Fue en ese momento en que hubo que quitarse otra vez la ropa y volver a atravesar el río. Esa noche decidieron los coyotes que nos íbamos a quedar a dormir ahí.

4. El muchacho que se ahogó en el río

Dormimos esa noche ahí. Durante el día estuvimos soñando con que nos llevaran comida porque los coyotes se habían desaparecido y nos habían dejado solos. Pero eso nunca pasó. Ellos no llegaron hasta en la noche y nos llevaron pastillas y Gatorade. Dijeron que

---

2. Ajos: Condimento usado para sazonar los alimentos.

si nos tomábamos las pastillas era la única forma en que íbamos a aguantar poder caminar. Durante ese largo día que permanecimos ahí habíamos estado observando el río y mirábamos cómo con la claridad del día se podían detectar serpientes y se podían detectar lagartos. Al llegar la noche fue cuando los guías tomaron la decisión que era el momento para pasar el río otra vez. Aunque habían comentarios entre ellos, unos comentaban que sí lo podían pasar, y otros decían que no porque el río estaba muy crecido y era muy peligroso pasarlo. Les dijeron a las personas que se quitaran otra vez su ropa y que lo pasaran como pudieran. Yo pude pasarlo con la ayuda de mi hermano. Habían otros que optaban por darle dinero a los coyotes para que los pudieran pasar. Esa noche recuerdo que el río estaba más crecido que la noche anterior. Entre el grupo venían cinco muchachos hondureños, me imagino que eran conocidos o amigos. Sólo recuerdo haber escuchado los gritos y llantos de ellos porque uno de sus amigos había sido arrastrado por el río. Les suplicaban a los coyotes que los ayudaran. Ellos dijeron que no podían hacer nada, que si el muchacho se había ahogado eso era algo muy normal que sucedía en el río. En todo el camino escuchaba los llantos de esos muchachos.

Dijeron que ahora sí teníamos que caminar más rápido que la noche anterior porque teníamos que estar a las cinco de la mañana en la carretera. Comenzamos a caminar de nuevo. Llevábamos hambre y sed porque el agua se nos acabó. Entonces dijeron que si queríamos llenar las botellas cuando encontráramos un charco en el desierto podíamos llenarlas. Durante el lapso anterior había tomado agua del río, agua limpia, al menos lo que creía yo. Pero esta vez tenía que tomar agua del charco. Tratamos de limpiar un poquito para poder obtener agua limpia, quizá era la mitad de agua sucia y agua limpia lo que se podía ver dentro de la botella. Pero aquella agua sucia y contaminada la apreciábamos mucho y así continuábamos caminando. Después decidieron que era momento de tomar las pastillas. Nos tomamos unas pastillas llamadas Diazepam,[3] dijeron que era opción de nosotros si las queríamos tomar con una soda que ellos cargaban para un mejor rendimiento o con el agua contaminada que llevábamos. Pero el efecto que provocó en nosotros fue peor, porque veníamos débiles, no habíamos dormido lo suficiente y teníamos hambre. Muchas de las personas se mareaban. No sé

---

3. Se trata de un ansiolítico y sedativo comercializado con el nombre de Valium.

con exactitud qué era lo que los coyotes consumían, supongo que era droga, porque ellos tenían un mejor rendimiento que nosotros. Pero parecía que lo que consumían les provocaba rabia y enojo contra nosotros, porque cuando las personas se desmayaban las querían levantar a golpes y patadas. Seguimos caminando hasta que amaneció. No llegamos como había sido lo indicado a la carretera y esa madrugada tuvimos que escondernos en el desierto.

Dijeron que lo mejor durante el día era estar escondido bajo de unos... en realidad en el desierto no hay matorrales, son una cosita que se forma del mismo desierto, como monte seco. Durante el día los aviones y las trocas rondan más el desierto y había una gran posibilidad de ser vistos por ellos. O corríamos el riesgo de ser vistos por los dueños de ciertos terrenos en el desierto y ellos tienen fama de matar a las personas si son encontrados en sus predios. Teníamos que permanecer en silencio. Éramos tres personas en cada matorralito. Estábamos esparcidos. Los coyotes jamás estuvieron con nosotros. Dijeron que regresarían por nosotros hasta en la noche. Regresaron en la noche y comenzó la misma historia, a caminar arduamente. Si nos portábamos bien y no hacíamos ruido y caminábamos rápido, al amanecer nos iban a llevar a un río a tomar un baño. Cuando amaneció y los rayos del sol comenzaron a sentirse más fuertes, nos llevaron, cómo les llaman, a un estanque donde hay agua recogida, una poza, era un lodazal completo, era difícil poder entrar porque nuestros pies se hundían en el lodo. Pero el deseo de querer sentirnos frescos aunque sea un ratito fue más intenso que no nos importó hasta dónde nos llegara el lodo por meternos a una poza. Ahí nos tomamos un supuesto baño. Salimos más lodosos de lo sucios que estábamos, pero se puede decir que estuvimos contentos aunque sea un ratito.

5. *Los que se quedaron y los que pasamos*

Nos pusimos nuestra ropa rota y maloliente y esta vez sí íbamos a caminar hasta llegar a la carretera. A empujones y desmayos llegué hasta la carretera junto con todas las demás personas. Del grupo de cuarenta personas que veníamos hubo algunas que tuvieron la suerte de ser introducidas al carro y pudieron pasar. Como éramos muchos no cupieron todos y allí muchos quedaron abandonados. No sé qué pasó con esas personas. Sólo recuerdo escuchar comentarios de guías que dijeron que esas personas o morían allí o se iban a entregar a la caseta más cercana. Eso lo recuerdo con lástima porque sé que sufrieron al igual que yo y sé que todo su esfuerzo y sacrificio fue en vano.

El tipo de vehículo en que nos llevaron se llaman *pickups*. Nos metimos tres en la cabina. Veníamos uno sobre otro y en la cama del pick up venían otros acostados para no ser vistos. Esa fue la entrada a Texas. Pero así fuimos llevados hasta llegar a una casa. El dueño de la casa comenzó a decirle a todos los hombres que estaban ahí, "¿Tienen hambre? ¿quieren comer?" Y todos dijeron que sí, pero entonces, "Háganse a un lado jotos".[4] Era la primera vez que yo escuchaba la palabra joto. Eran ultrajados por este señor.[5] Este señor pidió los datos e información de todos nuestros familiares que residen acá y comenzó a llamarlos a uno por uno. Y les decía lo siguiente "Tengo a tu familiar en mi casa. Está muy bien. Tiene comida y tiene agua para bañarse. Pero te lo quiero mandar muy bien vestido, porque huele feo y tiene sus ropas rotas. Pero para eso mándame 50 dólares", y les daba su número de cuenta bancaria, "y con eso les compro ropa y zapatos". Todos los familiares mandaron el dinero, pero nunca nos compraron ropa ni zapatos.

6. *El trabajo y los paraísos artificiales*

Todos fueron esparcidos en diferentes lugares con sus familiares, siempre oliendo mal y con la ropa rota. Cada persona tenía un punto de reunión indicado. El de mi hermano y el mío era en Los Ángeles. En ese momento ellos entregaban a la persona con su familiar, pero no sin antes haberse bajado ellos primero y haber recibido el dinero. Por mí y mi hermano fueron $6.500 dólares. No puedo saber si fue la misma cantidad para todos. Saliendo de El Salvador una le entrega al coyote la mitad y cuando a una la entregan con su familiar, el familiar lleva la otra mitad. Fue el momento cuando nos encontramos con mi hermana. Mi hermana se impactó mucho cuando nos vio porque estábamos en condiciones demacradas, se nos notaba encima el sufrimiento que habíamos pasado. Pero podíamos decir que ya estábamos a salvo. Ella nos llevó hasta su apartamento y le avisó a mis padres que estábamos acá. Por primera vez pude tomar un baño en el apartamento de mi hermana después de tantos días de no habernos bañado. Sentía melancolía, una tristeza profunda estando en un país que no es el mío.

Comienza mi nueva realidad. Mi hermana nunca estaba con nosotros. Pasábamos encerrados en el apartamento durante el día. Ella

---

4. Homosexuales.
5. Ultrajados: Maltratados.

trabajaba y ahora teníamos que comenzar a buscar trabajo nosotros. Mi hermano estuvo por mucho tiempo sin trabajo. Conoció a
unas personas que le ofrecieron trabajo reparando los canales de
desagüe en las casas, ganando muy poquito y haciendo un trabajo
muy pesado. Por medio de una conocida de mi hermana supe que
necesitaban una persona en un restaurante. Allí estuve trabajando durante un tiempo. Hacía parrilla, lavaba trastes. Luego me di
cuenta de que había otra oportunidad de trabajo ganando un poquito mejor que en el restaurante. Decidí salirme. Me quedaba muy
lejos, tomaba el bus, tomaba dos metros hasta llegar a Long Beach.
Allí conocí a un americano anglosajón. Encima de llevar el dolor y
la tristeza de que estoy ausente de mi país, de que no tengo a mis
padres, este hombre era racista y nos humillaba y nuestro trabajo
era muy duro. Trabajábamos sólo mujeres. Era una, no sé cómo
llamarle, una bodega grandísima donde llegan a depositar pacas.
Es mucho cartón prensado, que tiene una gran cantidad de basura,
pueden ser periódicos viejos, botes viejos. Teníamos que limpiar-
las para poder dejar limpio el cartón. Hay basura que estaba demasiado prensada y esa teníamos que extraerla con barras de uña.
Por momentos me parecía que estaba desempeñando un trabajo de
hombre. Tan pesado era el trabajo que a la *manager* se le despren-
dió su matriz. Al final el americano anglosajón decidió despedirnos.
No nos explicó por qué; nos despreciaba porque dice que somos
latinas. Le molestaba ver a la *manager*, de origen colombiano, que
se sentara a comer con nosotros porque ella tenía un puesto mayor
a nosotros. Al final tomó la decisión de despedirnos. Fue un despido
injustificado. Dijo que a lo mejor optaba por tener en su empresa
americanos de su misma raza. Ya no quería gente latina en su empresa.

Decidimos que lo íbamos a demandar todas juntas. Dijo la *manager* que no importaba que no tuviéramos papeles, que dejáramos
a un lado el miedo. No tenía ni idea qué era una demanda, pero
esta vez estaba con ella, peleando por mis derechos. El caso de la
demanda duró alrededor de unos seis meses. Al final, nos hicieron
saber que nos iban a dar cierta cantidad de dinero a cada una de
nosotras, según el tiempo de permanencia en ese trabajo.

Otra vez me vi en la circunstancia de estar sin trabajo. Después
me enteré de que en otro lugar estaban contratando personas. Trabajé por dos años y medio vendiendo perfumes. Al final fui despe-
dida injustificadamente por el *manager*. Por los siguientes cuatro
meses estuve sin trabajo. Yo tenía un pequeño ahorro en el banco

con el cual me era casi imposible pagar biles,[6] comida y renta. Hace un mes por medio de una amiga, he podido conseguir otro trabajo, siempre en venta de perfumes donde trabajo muchas horas y gano muy poco. Es porque los dueños no me pagan por horas sino por salario y eso significa que una trabaja muchas horas y le pagan muy poco. En la actualidad mi hermano trabaja en un lugar donde hacen rines,[7] una compañía que se dedica a distribuir partes de los carros. Estaba bien, pero la compañía en marzo se viene a la quiebra y mi hermano tendrá que pasar por el amargo momento de quedarse sin trabajo y ahora comenzará una nueva lucha y búsqueda constante por encontrar trabajo. Mi hermano y yo vivimos en un pequeño cuarto el cual compartimos.

Con lo poco que puedo siempre les envío dinero a mis padres. Ellos son mi prioridad. Todas mis experiencias en este país me han servido para que mis sueños y metas se hagan más fuertes porque hoy tengo más deseos que nunca de terminar la carrera que empecé en mi país, de obtener un trabajo mejor y de que mi familia en mi país esté mejor que cuando me vine. Son ellos mi fuente de inspiración, mi combustible.

Yo lo que pienso y digo es que nunca es bueno tomar la decisión de venirse porque el inmigrante no puede imaginarse lo que va a sufrir; porque nadie experimenta en cabeza ajena. Pienso que lo mejor es luchar en nuestros países y no venir a arriesgar lo que ni con todo el oro del mundo podríamos comprar, que es nuestra propia vida. Si en nuestros países el gobierno no derrochara el dinero en cosas que no son productivas y optaran por ayudar más al pobre y buscaran más soluciones concretas al gran problema de la crisis económica, nuestra gente no se viniera para acá.

---

6. Cuentas, "*bill*" en inglés.
7. Montura de llanta de carro, "*rims*" en inglés.

QUINTA PARTE: VIOLENCIA EN LOS BORDES

...Negociando y procurando el remedio de las gentes y naturales de las que llamamos Indias, y que cesen los estragos y matanzas que en ellos se hacen contra toda razón y justicia; y puesto que la voluntad de los reyes que en estos reinos por estos tiempos han reinado y sus consejos ha sido proveerlos de justicia y conservarlos en ella, y no consentir que les fuesen hechos daños y agravios, y así lo han mostrado por sus muchas leyes y provisiones, pero llegadas allá no se han cumplido, por la grande y desmedida codicia y ambición de los que allá han pasado, mayormente de los que aquellas gentes han ido a gobernar...

Bartolomé de Las Casas

UNA BRASA AFUERA DE LA HOGUERA

TESTIMONIO DE GUSTAVO MOJICA RECOGIDO Y TRANSCRIPTO POR MICHAEL WESTBROOK Y SOFÍA WOLHEIN

> No salí de la pandilla cuando llegué a Homeboy Industries; una vez que eres un ganguero, siempre un ganguero. Como te ves, como caminas, como hablas. Pero ya no me junto con ellos; ya no estoy en la esquina con pistolas, vendiendo drogas. Ya no, eso no.
>
> Gustavo Mojica

Esquema biográfico

Gustavo "Gus" Mojica es un hombre de treinta y cinco años y exmiembro activo de una pandilla del Este de Los Ángeles, a la que había pertenecido desde su juventud. Actualmente, trabaja en la oficina de Homeboy Industries y es padre de dos hijos. Gus, que nació en Los

Introducción

El condado de Los Ángeles, con una población de más de nueve millones de personas y una gran diversidad de culturas, tiene problemas inherentes como las pandillas y con ellas, el crimen. Las pandillas son, sin duda, un desafío para cualquier metrópolis, pero ellas tienen una incidencia colosal en Los Ángeles. Por otro lado, esta ciudad también cuenta con muchos servicios, organizaciones y otros recursos para ayudar a personas en situaciones críticas. Una organización en particular, Homeboy Industries, fundada por el padre Greg Boyle en 1988,[1] brinda oportunidades a los miembros de pandillas para transformar sus vidas.

Homeboy Industries, en su nuevo sitio ubicado cerca de Union Station, en el área central de Los Ángeles, mantiene varios programas para miembros de pandillas, ex miembros y jóvenes en situación de riesgo, educándolos para prevenir que se enlisten en los grupos callejeros. Este centro capacita y desarrolla destrezas para

---

1. Aunque el fundador es clérigo de la iglesia católica, Homeboy Industries no recibe ningún subsidio de dicha institución.

Puerta de entrada al área de tratamiento de tatuajes en
Homeboy Industries (cortesía de Homeboy Industries).

empezar carreras laborales en restaurantes, panaderías, tiendas de
ropa y una empresa de publicaciones dentro de sus instalaciones,
dándoles la posibilidad de un trabajo a las personas que necesitan
oportunidades para realizar cambios positivos en sus vidas. También proporciona servicios de recuperación psicológica, educación
sobre la salud e incluso, la posibilidad de eliminar tatuajes. Además, presta servicios de cobertura legal al igual que servicios para
encontrar trabajo permanente.

1. El comienzo

> ¿Qué les puedo decir?
> Fui una víctima de la violencia de las gangas.
> Me dispararon.
> Perdí la pierna derecha.
> Estuve en coma por dos semanas...

Crecí en Boyle Heights en unas viviendas planificadas en el corazón
de mi barrio. Mi mamá es de México, Zacatecas y mi papá es de
Guanajuato. Soy el mayor de siete hermanos y hermanas. Tengo un
gemelo, Víctor, soy mayor por tres minutos, solamente tres, pero
aún así soy mayor (*riéndose*). Yo no tuve un papá; no tuve un papá
de verdad. Él volvió a Guanajuato y dejó a mi mamá embarazada de
mí y mi gemelo. Él nunca estuvo ahí para nosotros. Lo amo... no... lo
respeto porque es mi papá, pero no lo amo. Pues, nunca estuvo ahí
para nosotros. Después, cuando me casé, él vino a mi boda. Ahora,

está tratando de estar, pero ¿qué con todos estos años?

Luego, mi 'amá era muy estricta. Cuando jugábamos abajo con mi gemelo, y estábamos solamente jugando y quería que nos subiéramos, ella gritaba "¡Gustavo, Víctor, métanse!" Nos subíamos muy rápido (*haciendo un gesto*). So, le pegaba a mi hermano y yo me reía. Ella decía "¿De qué te estás riendo?" y después me pegaba a mí. She was very strict with us.

De niño, asistía a la escuela, era un niño de escuela: la primaria, middle school. Después, en middle school entré a una pandilla y todo fue cuesta abajo desde ahí. Tenía trece años. Con todos los que crecí íbamos a la misma escuela juntos. Todos nos metimos en la misma pandilla. No tuve ninguna presión para nada; era algo que quería hacer.

2. *La vida en la pandilla*

Estábamos reclamando nuestro barrio, pero era la pandilla para los jovencitos. Yo era de "East LA 13". Escribíamos en las paredes "VELA13R" y arriba de eso la palabra "little". Mi gemelo también se metió y aunque éramos pequeños, we got jumped in with the adults. Después de que nos metimos en la grande, no teníamos que escribir "little" no more. La pandilla de los jovencitos era como un training para pasar a la grande que era la mera mera. Para pasar a la grande, te golpean como por trece segundos. Yo podía defenderme; les pegaba a todos ellos. Mi nariz empezó a sangrar y uno de ellos me golpeó en el cuello... no podía aguantar la cara por como una semana. Pero en ese momento pensé que valía la pena; no pensaba en mi futuro, sólo quería ser un miembro de la pandilla. Pues yo era uno de los más pequeños cuando me metí, éramos yo y unos dos jovencitos más...

Mi gemelo y yo les dijimos a nuestros hermanos que no se metieran a las gangas; si lo hacían, íbamos a ser sus peores enemigos. Thank God, una vez uno de mis hermanos estaba tomando con mi gemelo y le dijo "I love you and Gus; I love you and Gus, because of you guys I didn't get into a gang. No shit, I didn't want to get my ass kicked."

Tenía dieciocho o diecinueve años cuando agarré el tatuaje arriba de la ceja derecha. Mi mamá vivía en el único cuarto de la casa. Mi gemelo, mis tíos y yo nos quedábamos en el garage y siempre salíamos de fiesta. Recuerdo que después que agarré el tatuaje, me fui derecho al baño y pasé por el medio de la cocina. Ella estaba en la cocina con mis hermanos y hermanas. Entonces, uno de mis her-

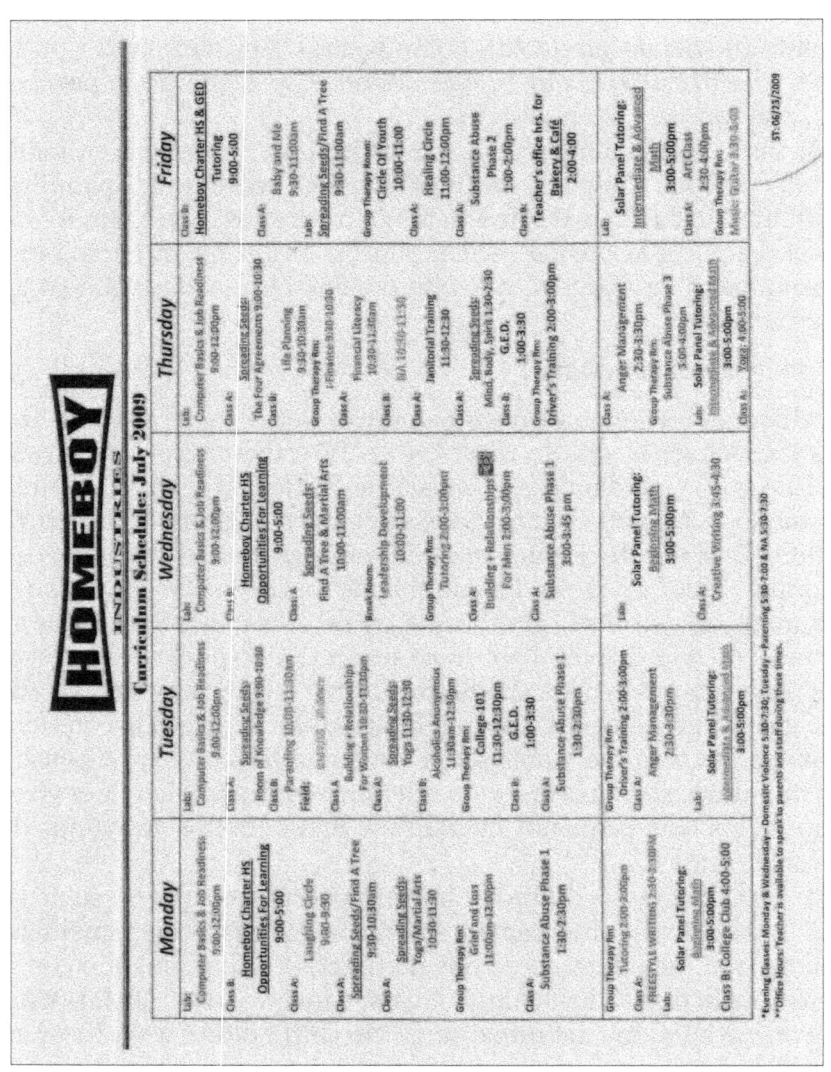

Horario de actividades de Homeboy Industries (cortesía de Homeboy Industries).

manos dijo:

—Eso es raro, cada vez que viene de otro lado se queda en la cocina, but this time he went straight to the bathroom.

Cuando salí del baño, salí derecho pa' el garage y mi 'mano dijo,

—What the fuck?

My mom was like, what the hell? Y mi hermano goes,

—Mira his forehead.

Entonces me fui y me acosté. Mi mamá me preguntaba:

—¿A ver qué traes?

—Nada, nada.

—¿A ver qué traes?

¡Pá - pá! (*su madre lo golpeó*)

—¡Nada, nada!

—¡Pos' si no tiene cara de trabajo ahora, así menos va a tener trabajo!

Entonces, me puse un tatuaje de un número uno y un tres y una lágrima.[2] En Homeboy Industries, tenemos un servicio de tattoo removal en White Memorial Hospital. Fui una vez y me los quité todos (*mostrando sus antebrazos*), pero me puse otra lágrima.

En los ochentas, "The Cripps" and "The Bloods" habían hecho una tregua,[3] pero fue entre ellos; no nos afectó. Hay sólo una pandilla con la que nos llevamos bien: "Barrio mojado" en South Central LA. Pero sólo íbamos allí para las fiestas, pero no nos preocupábamos por ellos. Nuestra pandilla no tenía relación con las gangas de México ni otras de Latinoamérica.

3. *Vocaciones*

> Lo que me atraía de las pandillas era hacer dinero, party with the girls y disparar a mis enemigos.

Bueno, los homeboys estamos siempre juntos.[4] Nos cuidamos entre nosotros y a la familia de cada uno. Por ejemplo, si alguno tiene necesidad de dinero lo tratamos de ayudar. Tenemos protección.

No tenía un trabajo específico en la pandilla. No había un liderazgo, ningún líder, nadie que nos diga lo que tenemos que hacer,

---

2. Un tatuaje de lágrima representa la muerte de un familiar o alguien cercano, al igual que el haber matado a alguien.

3. Dos pandillas afroamericanas muy poderosas en Los Ángeles.

4. "Homeboy", "homies" son términos que usan los pandilleros para nombrar a sus compañeros.

como un shot caller,[5] pongámoslo de esta manera. Había una agente de libertad condicional, ella recién falleció, que Dios bendiga su alma. Ella era la encargada de controlar a jóvenes como yo. Fui a juvenile camp porque ella me mandó.[6] Siempre me preguntaba si yo era un shot caller. Le contestaba que no, que yo era un homie, que yo no hacía shot calling a mis little homeboys. Pues, si mis homeboys estaban messing up, les decíamos que no hagan esto o aquello. Por ejemplo, si veía a mis homeboys usando muchas drogas, les decía que tenían que parar de usar tanto o que tenían que parar completamente. As fellow homies, we had to check on them or put them at check, like beat their asses. Entonces, no teníamos a nadie diciéndonos qué hacer. Por ejemplo yo salía a disparar sin que mis homeboys supieran; no tenía que ir, pero quería ir.[7]

4. Cambios

En julio de 2000, me dispararon. Estaba con mis homeboys. Me pegaron aquí en el muslo izquierdo y me pegaron en el tobillo. Perdí mi pierna derecha y estuve en coma por dos semanas. Fue cuando dije "That's it." Algo malo tenía que pasar para que me diera cuenta que no valía la pena. Desde que eso pasó, estuve sentado en una silla de ruedas después de que me amputaron la pierna. Pero después de que me cortaron la pierna, todavía me juntaba con mis homeboys a tomar y party. Como una vez, tres de ellos tenían pistolas en los bolsillos y a uno se le cayó la pistola... *boom*... "Oh shit!" Estábamos a cinco pies de donde me habían disparado primero y yo les dije "Hell no man, get me inside." Y luego pensé que si las personas que se preocupan por mí y me quieren saben que todavía me junto con mis homeboys, ¡me van a poner una regañada!

Uno de mis homeboys me llamó y me dijo:
—Hey psycho, come kick it with the homies.
—No fool, that's it.
—What, you don't gangbang no more?
—I don't know my friends, so I don't gangbang no more. Fuck that. No salí de la pandilla cuando llegué a Homeboy Industries; una vez que eres un ganguero, siempre un ganguero. Como te ves, como

---

5. La persona que da órdenes en una pandilla.

6. Una alternativa para jóvenes con problemas de adicciones, pandillas y crímenes.

7. Una de las actividades de los pandilleros es salir a disparar a miembros de pandillas rivales.

caminas, como hablas. Pero ya no me junto con ellos; ya no estoy en la esquina con pistolas, vendiendo drogas. Ya no, eso no. Pero todavía soy de la pandilla. Como si me dijeran "Where are you from?" Les contestaría "I don't play that no more, I don't fuck around." Si me respetas bien, si no... pero no estuve en esa situación. Me arrepiento porque a veces ponía a mi barrio por arriba de mi mamá y mi familia.

5. *Cómo se revierten los itinerarios*

Conozco al padre Greg desde que era un niño. Lo conozco desde hace veinte años por ahí. Creo que me dio mi primera comunión. Mientras crecía, él vio los cambios en mí. Trabajo aquí en Homeboy desde hace diez años, desde 1998. Trabajaba antes para el padre, como en el 95 o 96 y él me pagaba cien dólares cada semana. Pero después me descansó. Luego en el 97, había veces que estaba desempleado. También trabajé como un guardia de seguridad y por dos semanas en un depósito, un warehouse.

A mí me arrestaron también. Bueno, ¿sabes lo que es Caltrans?[8] Es cuando trabajas al lado del *freeway*.[9] Pues, a mí me mandaron hacer servicio comunitario en Caltrans como castigo porque había invadido una propiedad privada. Yo no quise hacerlo, así que me dieron noventa días en la cárcel. Cuando salí, un homeboy se murió al mismo tiempo, el día de navidad del 98.

Después, un día, el padre me dijo "Ven a mi oficina", que era su coche y entré al coche. Estaba manejando por ahí y me dijo "Quiero que trabajes conmigo otra vez, de lunes a viernes, de nueve a cinco, pero esta vez te voy a pagar con cheque". Yo le dije "Hell yeah G, hell yeah!" Así que estuve trabajando aquí desde ese momento.

Me gusta mucho este lugar, mucha gente viene a la oficina. También soy un orador motivacional.[10] Fui a Cal State LA como un especialista en pandillas. Voy a las escuelas para hablar con los jóvenes y hago eso desde que trabajo aquí. Ahora tienen a otras personas

---

8. El Departamento de transporte de California. Éste se encarga de los sistemas de autopistas y el transporte público dentro del estado.

9. Trabajar limpiando las banquinas y espacios verdes a los lados de las autopistas.

10. En este caso, el orador habla a los adolescentes de las escuelas secundarias sobre su experiencia en las pandillas con esperanzas de alertar a los jóvenes sobre sus peligros y al mismo tiempo proponerles una mejor opción.

haciendo eso y quieren que cierre la boca, pero yo no me callo, soy bastante bueno. Algunos muchachos vienen aquí y me dicen que tienen una familia ganguera: su hermano, sus tíos, sus primos... todos, que no tienen otra salida. Pero yo les digo que pueden ser el patito feo de la familia, no tienen que meterse. Go to school, get your education. Ellos no tienen que ir por esa ruta, pueden hacer algo mejor. Pueden ir por otra ruta. Pueden hacerlo. Trato de ser una buena influencia para los jóvenes. El problema de las pandillas es peor hoy que antes.

6. *Otros senderos para desandar lo andado*

Me casé en 2002, pero ahora me estoy divorciando. Mi mejor venganza contra la vida pandillera es el éxito. Tengo dos hijos, los amo, son todo para mí. Ahora quiero que tengan lo que yo no tuve; quiero estar para ellos. Los tengo cada otro fin de semana y los llevo al parque. Cuando ellos ven mis tatuajes, me preguntan qué quieren decir. Les digo que cuando sean más grandes se lo voy a contar porque son como malas palabras. Mi hijo mayor de seis años piensa que los cholos son malos, así que no me voy a tener que preocupar por él. Se pone gel en el pelo y se lo hace spikey todo. Gracias a Dios que no quieren ser pelones. También les plancho su ropa y les digo "Well, you know what's up like your dad." También me piden mi perfume y me dicen "Daddy, hueles bien". ¡Son igual a su dad y a su uncle! Les digo también que no quiero que sean como yo, que quiero que sean mejor que yo. Quiero que vayan a la universidad... quiero que sean mejores y ellos me responden "Okay, daddy." Lo más importante es que hago todo esto por mis hijos. Me levanto en las mañanas por ellos. Mis hijos son mi motivación.

7. *Hoy*

Agradezco a Dios por darme otra oportunidad para vivir. Quiero vivir positivamente. Mis hijos son mi futuro. Les digo que piensen en lo que van a hacer ahora cuando son pequeños, antes de que sean adultos, que no se metan en una pandilla. They are going hard on gang members nowadays, I know because I'm still a gang member. Pero soy un miembro positivo ahora. Apoyo a mis homies y me preocupo por ellos desde otro lugar.

Nota actualizadora de los transcriptores

Gus había dicho que el problema de las pandillas está peor actualmente. Según las estadísticas del sitio de internet del Departamento de Policía de Los Ángeles, hay más de 250 pandillas que operan hoy en día con más de 26.000 miembros. Según un reportaje de LAPD Gang and Operations Support Division, hubo 167 homicidios y un total de 6.877 crímenes en total asociados con las pandillas durante 2008. En contraste, durante 1999 hubo 136 homicidios y las pandillas incluían 100.000 miembros en el área según la revista *Time*. Algunas de estas pandillas son parte de grupos más grandes que operan en El Salvador y otros países. Al parecer, en el presente, hay menos miembros, pero la violencia aumentó.

El padre Greg Boyle dijo a la revista *Time* en 2001: "La estrategia anti-pandilla desarrollada en California y copiada en otros lugares se fue a la bancarrota. Está la ley de los tres strikes y la cárcel y cosas así, pero no se puede aterrorizar a un joven para tener esperanza y un futuro... necesitan programas de intervención y prevención".

LAS CICATRICES DEL CAMINO

TESTIMONIO DE MARÍA RIVAS RECOGIDO Y TRANSCRIPTO POR HENRY DUBÓN

Me fui atrás de mi madre y ella me dijo "Agachate que te van a zampar un balazo". Pero no oía balazos, sólo gritos, después unos botines así como de militar que corrían por los adoquines de la calle. Mi madre veía por debajo de la puerta. Cuando ya no se oyó ruido abrió la puerta un poquito y vio para la esquina, por el basurero se veía un cuerpo tirado. Nadie le dijo a mi madre nada pero ella sabía que mi papi ya no estaba con nosotras. Me vio y se puso a llorar. Yo quería ir a mirarlo y ella me agarró y me sentó en el suelo, cuando sentí que también mi hermanita estaba en el suelo llorando. Tuvimos que esperar hasta que amaneciera para ir a mirar y saber lo que ya sabíamos. A mi papi lo picaron en varios pedazos. Lo machetearon todo. Lloramos las tres toda la noche, nos dormimos de cansadas en el suelo.

María Rivas

Esquema biográfico

María Rivas, inmigrante salvadoreña, nació en el departamento de San Miguel, en el año 1974. En el 2004, emprendió el viaje inmigratorio hacia los Estados Unidos junto con su hermana Sandra Rivas y otros salvadoreños. En un momento de su travesía, que duró aproximadamente ocho semanas, sufrieron un asalto pandillero. Nunca se supo qué sucedió con su hermana Sandra. Al llegar a Los Ángeles trabajó en una fábrica de ropa donde ganaba dos centavos por cada pieza que cortaba. Hasta el momento no ha obtenido residencia legal en los Estados Unidos y ha sido una víctima más de los fraudes que sufren los inmigrantes por parte de abogados inescrupulosos. Actualmente reside en el área de Virginia donde hay una

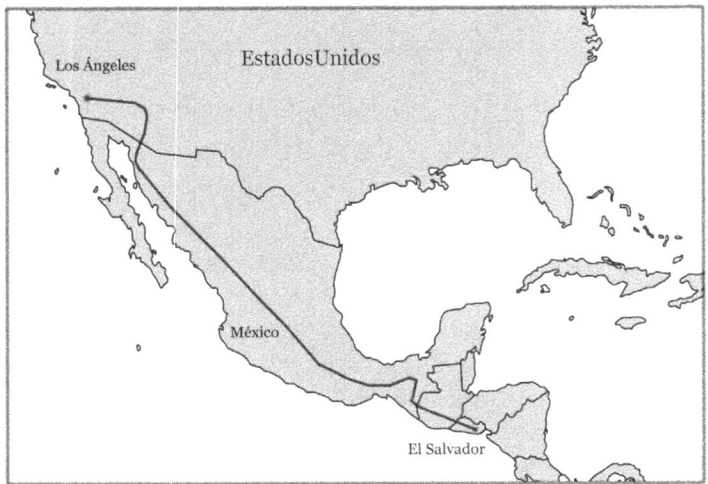

Viaje de María Rivas de San Miguel, El Salvador, a Los Ángeles,
California, en 2004 (escala 1 cm : 2503 km).

colonia numerosa de inmigrantes salvadoreños.

Introducción

Lo que me sucedió a mí es algo muy común y eso da tristeza. Cualquier persona inmigrante puede atestiguar lo que yo digo. Yo creo que los sufrimientos de todo un pueblo que se va de su casa son bastantes y suceden a todos los pueblos y más que todo a Latinoamérica. No sé mucho de historia pero he oído que los salvadoreños somos la ola de inmigrantes que más ha sufrido. En el diario una puede leer que este país está hecho de los lomos de los inmigrantes. Pero los inmigrantes de los países chiquitos de Centro América somos los que estamos más jodidos. La verdad que los mexicanos aunque los deporten regresan mañana, para ellos es como ir de vacaciones a visitar a su tía. Digo esto no para hacer más pequeño su sufrimiento sino para decir que están más cerca de los Estados Unidos que uno.

1. "Mi papá no era un guerrillero"

Cuando yo me fui de El Salvador, me dolió mucho. Yo por lo menos estaba contenta que mi hermana se venía a los Estados Unidos conmigo. La Sandra y yo siempre andábamos juntas. Cuando estábamos zipotas dormíamos en la misma cama.[1] Es que vivíamos en una

---

1. Zipotas: Niñas.

pieza bien chiquita. ¡Pobrecitos mis papás! Ellos siempre nos quisieron dar lo que ellos no tuvieron nunca. Pero en ese tiempo todo
era muy difícil y la verdad que lo sigue siendo. A mi papi lo mataron
los soldados en la guerra porque decían que era de los muchachos,
guerrillero pues.

Mi papi no era guerrillero, pero en los tiempos que había corte de
café en El Salvador mi papi se iba a cortar café y allá en la finca se
encontraba a los muchachos. Él llevaba comida y le daba lástima
cuando veía a los muchachos que no comían, entonces él les daba
su comida, y no era nada muy bueno, lo que comíamos eran huevos duros, tortilla y sal. A mi papi no le pesaba regalar sus tortillas
para que todos comieran un poquito. A mí me gustaba cuando él
me daba una tortilla con limón y sal. Estar comiendo con él era bien
bonito, aquí he probado comida de chinos y de peruanos y otros
lugares pero no hay mejor comida que la tortilla que se comparte,
mi papi me enseñó eso.

Y como la gente en ese tiempo era muy chambrosa,[2] varios dijeron
que mi papi era guerrillero porque les daba su comida a los pobres
muchachos, pero mi papi no era de los guerrilleros. Él era caritativo
nada más. Una noche en mi pueblo mataron como a diez personas.
Los soldados decían que andaban limpiando la ciudad de basura.
A mi papi lo mataron en la esquina de la casa. Allá uno iba a tirar la basura en la esquina en un lote vacío y la ciudad después la
mandaba a quemar. Mi papi tiraba la basura por las noches en la
esquina y se quedaba a hablar con algún vecino. Yo no vi cómo lo
mataron porque la Sandra y yo estábamos acostándonos. Cuando la
niña Minta,[3] una vecina, empezó a gritar "Le están pegando, lo están matando", gritaba. Una no salía a ver porque la mataban a una.
Pero como mi papi no estaba en la casa mi madre nos gritó y dijo
"Zipotas, métanse en la cama y no vengan, le voy abrir la puerta a
tu papá". Pero yo no hice caso, es como que uno presiente las cosas
malas.

Me fui atrás de mi madre y ella me dijo "Agachate que te van a
zampar un balazo". Pero no oía balazos, sólo gritos, después unos
botines así como de militar que corrían por los adoquines de la calle. Mi madre veía por debajo de la puerta. Cuando ya no se oyó
ruido abrió la puerta un poquito y vio para la esquina, por el basurero se veía un cuerpo tirado. Nadie le dijo a mi madre nada pero

---

2. Chismosa.

3. Niña: en este caso se usa en sustitución de señora.

ella sabía que mi papi ya no estaba con nosotras. Me vio y se puso a llorar. Yo quería ir a mirarlo y ella me agarró y me sentó en el suelo, cuando sentí que también mi hermanita estaba en el suelo llorando.

Tuvimos que esperar hasta que amaneciera para ir a mirar y saber lo que ya sabíamos. A mi papi lo picaron en varios pedazos. Lo machetearon todo. Lloramos las tres toda la noche, nos dormimos de cansadas en el suelo. Mi madre decía "Y ahora cómo vamos a comer, si mi han matado a mi hombre". Esa noche la recuerdo como que fue ayer, pobrecito mi papito, sólo por dar de comer. Dos meses después cumplí doce años. Mi vida empezó a ser muy triste desde entonces.

Después de la muerte de mi papi nos empezó a ir más mal. En el corte de café ya no sacábamos lo mismo y mi madre empezó a vender horchata y chucherías para poder sobrevivir.[4] Así la pasábamos más o menos. Yo iba a la escuela pero a mi madre no le gustaba mucho, pero a mí me gustaba leer bastante. Los libros que leía me ayudaban a salirme de la guerra. Había un maestro que me dejaba que me llevara los libros y yo los leía; pero mi madre decía que eso era perder el tiempo y me mandaba a hacer quehaceres. Yo quería comprar libros pero allá ni había dónde y ni pisto tenía.[5] Leer fue lo que me ayudó y con mucho esfuerzo me gradué del bachillerato.[6]

2. La Sandra y la María emigran

Mi madre murió en el 98 y la Sandra y yo ya estábamos grandes, yo ya tenía 24 y la Sandra 21. Para mantenernos vendíamos frutas en el mercado, empezamos a ahorrar dinerito para poder venirnos para los Estados Unidos; porque la amiga de la Sandra se había venido y nos dijo que aquí ella tenía lo que allá nunca tuvo. Y una siempre quiere tener lo bueno de la vida. Le dije a la Sandra, "Mirá, ahorremos dinerito y cuando podamos nos vamos, pero hay que esperar el nuevo milenio aquí en El Salvador, por si se acaba el mundo nos quedamos en nuestra tierra".

Finalmente en el 2004 nos vinimos. Cabal,[7] unos amigos nos conectaron con un señor que dizque era coyote y vendimos todo. El señor ese nos dijo que él nos iba a llevar hasta la frontera de Guatemala y México en persona, pero que él necesitaba todo el dinero

---

4. Chucherías: Golosinas.
5. Pisto: Dinero.
6. En este caso preparatoria.
7. Exactamente.

y ése fue el error más grande que hicimos. Le dimos el dinero por adelantado. Pero es que él nos dijo que sólo nos iba a llevar a mí y a la Sandra para así cuidarnos. Tonta yo, ahora ya sé, ¿para qué le di el dinero? Pero es que el señor nos lavó el coco. Nos dijo "No hay problema, yo conozco gente allí en la frontera de México y nos van a dejar pasar, pero necesito tener el pisto en la mano". ¡Viejo maldito! Nos dejó allí tiradas en la frontera de Guate. Fíjese me dijo, "Voy a ir a hablar con el de la garita, ustedes quédense aquí y cuando les haga señas se van para el otro lado". ¡Viejo maldito! Nos dejó allí. Ya no salió, ya no regresó. No supe ni cuándo se fue. No sé qué le pasó.

Allí las dos con la Sandra como pasmadas,[8] esperamos como cinco horas, hasta que nos llegaron a correr los policías de Guatemala que nos veíamos raras paradas allí. No sabíamos qué hacer. Por lo menos yo tenía un dinerito en la bolsa y habíamos dejado pisto con una tía por cualquier cosa, ¿va'a?[9] Le llamamos a mi tía a El Salvador y nos mandó el dinerito. Pero tuvimos que dormir en la calle porque no queríamos pagar un motel para tener suficiente para poder regresarnos en el bus si queríamos regresar a El Salvador. A mí no se me pasaba el enojo con ese viejo tonto.

3. *Los compañeros de viaje*

En la mañana la Sandra conoció a un muchacho que venía con un primo y una amiga para Estados Unidos, pero venían solos, sin coyote. El muchacho ya se había venido como tres veces y decía que ya conocía el camino, pero la migra de México siempre lo agarraba, y lo mandaban de regreso. La última vez dijo que llegó a Tijuana y que lo agarró la migra gringa. La Sandra no se quería regresar para El Salvador y le dijo que ella quería venirse con ellos.

Recibimos el dinero que nos mandó mi tía, y agarramos para el norte por México con el muchacho y sus amigos. Él se llamaba Genaro. Era alto y pechito.[10] A la Sandra le gustó rapidito. Cuando el muchacho vio que traíamos dinero nos dijo que lo esperáramos allí. Se desapareció y después vino con unos condones. Yo dije "¿Éste qué insinúa?" y me enojé, pero la amiga del muchacho me dijo que era para guardar el dinero. Ella me dijo que ella traía el dinero guardado en su cosa privada. Me dio pena, pero me dijo que era para que

---

8. Tontas.

9. Modismo propio del dialecto salvadoreño que se usa para reemplazar la expresión interrogativa "¿verdad?".

10. Flaco.

no se mojara el dinero y que los judiciales no nos fueran a desemplumar.[11] Yo ya no era señorita así que pues ni modo, pero déjeme decirle que cómo cuesta meterse cosas allí. La muchacha me dijo "Échese saliva y empuje que no hay de otra". Me metí a un restaurante y en un baño, y pues tuve que guardar lo que guardé; y ya. Ay, qué pena decir eso, pero es lo que es, ¿va'a?

Nos cruzamos la frontera a México como que si éramos mexicanos. Caminamos como un kilómetro al lado del río y empezamos a nadar para el otro lado. Fue bastante fácil, después bromeamos que ya nos habíamos mojado una vez, o sea que ya éramos mojados. Yo traía aquello allá y no podía ni caminar. En el primer chance que tuve me metí en unos matorrales y me lo saqué y mejor me lo puse en el brasier.

Al otro lado ya en México agarramos un bus para un lugar que era donde pasaba el tren. El muchacho dijo que al tren le decían "el monstruo de hierro" porque si uno se descuidaba le comía una mano o un pie. Yo me puse contenta porque dije "Ah, entonces vamos a viajar bien tranquilos en el tren", mas no sabía yo que al tren nos íbamos a subir a escondidas, de contrabando como dicen.

A medio camino nos bajaron del bus los federales mexicanos. Nos preguntaron si éramos de Centroamérica. Yo les dije que no, que éramos de Veracruz, porque yo había oído que los de Veracruz hablan igual que los salvadoreños. El señor no me creyó pero como le gusté nos dejó ir a cambio de dinerito. Me dijo Genaro que así llegábamos hasta Europa si queríamos.

En el bus Genaro y la Sandra andaban viéndose con ojitos de chivo ahorcado, así con coquetería. Le dije a la Sandra "Tené cuidado, mirá que no sabemos nada de ellos". Ella sólo me sonrió, pero yo ya me imaginaba que algo iba a pasar allí. Cuando nos apeamos del bus la Sandra y el Genaro ya caminaban de la mano.[12] Según que el Genaro le estaba ayudando, pero no. Nada más tenía ganas de agarrarle la mano. Caminamos por los matorrales casi toda la noche. Por ratos yo pensaba que el Genaro se había perdido. Ya me dolían las patas.

---

11. Quitar el dinero.
12. Apeamos: Bajamos.

4. *Matorrales y otras desgracias de los viajeros*

Allí es donde empezó lo peor. De atrás de un matorral saltaron una mara,[13] eran como unos quince, creo... la verdad no se veía porque estaba bien oscuro. Nos agarraron y nos tiraron al suelo. Nos decían "Saquen el dinero que si no las vamos a matar hijas de su chingada, la que no traiga dinero se queda aquí toda la noche y la vamos a chingar". Yo quise estar al lado de la Sandra pero no me dejaron. A Genaro le pegaron muy fuerte. Le abrieron la cabeza de un golpe, y su primo quiso pelear con los mareros y se oyó un balazo y cayó el muchacho muerto. Todas gritamos, y nos empezaron a decir que nos calláramos si no queríamos que nos pasara lo mismo, y nos pegaron.

A mí me dieron bien fuerte en la cabeza y ya no supe nada. Cuando me desperté, ya casi clareaba, miré a mi alrededor y vi varios tirados en el monte. Genaro estaba amarrado tratando de soltarse. Habían varios amarrados. Me levanté toda tonta y empecé a buscar a la Sandra. Genaro me decía que lo ayudara pero yo sólo pensaba en la Sandra. Le gritaba a la Sandra pero nadie me contestaba. Como pude le ayudé a Genaro. A su primo le habían pegado un balazo en la cabeza y se le veían todos los sesos. No encontraba a la Sandra y Genaro me dijo que se la habían llevado los mareros; que a mí no me llevaron porque pensaron que estaba muerta. A la amiga de Genaro también se la habían llevado.

Yo le dije que fuéramos a buscarlas y él me dijo "¿Dónde mujer, dónde las vamos a buscar?" Le dije "Vamos a la policía a dar parte", él me miró con unos ojos tan tristes que me di cuenta que nunca iba a ver a mi hermanita del alma. Y ¿qué hace una? nada, sólo llorar en silencio. Me dijo Genaro que nos fuéramos, que si nos alcanzábamos a subir al tren esa noche él conocía un refugio de inmigrantes.

Nos fuimos y en la noche venía el tren. Cuando él me dijo "Tenemos que correr atrás del tren y hay que subirse. Cuando se suba váyase para enfrente cerca del manejador del tren porque allí en el tren andan más mareros y si no les damos dinero nos van a tirar del tren. Yo ya no tengo así que si no queremos que nos avienten del tren tenemos que escondernos". Yo le dije que yo todavía traía dinero y él me dijo, "Sí, pero vamos a necesitar más después, si no

---

13. Pandilla.

les podemos pagar. Mejor hágame caso".

5. *El monstruo de hierro*

Cuando nos subimos al tren corrí para enfrente. Yo no sé cómo me logré subir al tren. Tenía tanto miedo a caerme. Genaro me dijo "Véngase…" y me ayudó a meterme debajo de un carro del tren, me dijo "…quédese aquí yo me voy a pasar al otro lado. Voy a estar casi a su lado, cuando sea hora de bajarnos la vengo a traer, pero por cualquier cosa no se baje hasta en la mañana".

Allí donde estaba colgada veía los rieles debajo de mí y sentía un frío. No podía dormir porque si me dormía me caía y me iba a matar el tren. Yo no sé cómo aguanté todo el rato allí. Sólo pensaba en mi hermanita. No sé de dónde saqué la fuerza para seguir. Hubo un rato que me dije "Soltate y matate, ya no tenés a nadie". En eso sentí que me tocaron y era Genaro que me dijo "Véngase que ya nos vamos a bajar". Antes de que el tren parara nos bajamos y él me dijo "Mire, cuando se baje siga corriendo con el tren y métase a los matorrales que allá adelante hay migra mexicana y si nos agarran nos van a golpear y nos van a mandar de regreso a El Salvador". Nos tiramos del tren y me caí y me raspé las rodillas, pero como pude me levanté y me fui para los matorrales. Caminamos hasta una montañita. Me dijo Genaro que allí era donde lo habían agarrado la primera vez. Rodeamos la garita del tren y alcancé a ver cómo los policías mexicanos bajaban y les pegaban a las gentes que iban en el tren. Iban muchas, unos corrían para esconderse pero a muchos los agarraban.

Caminamos todo el día, mire, mi corazón se me partía cada vez que pensaba en la Sandra. Yo trataba de no pensar en ella para así poder pensar que la iba a encontrar. Yo me decía a la mejor se escapó y me la encuentro por ahí. Pero no fue así. Nunca supe qué pasó con mi hermanita. Ya pasaron muchos años. A veces leo en el diario las cosas que les hacen a las muchachas y sólo le pido a Dios que ojalá se haya muerto antes de que sufriera mucho. Eso es duro, pero es así pues, mi hermanita. Dios en la gloria la tenga.

6. *De Tijuana hasta el MacArthur*

Estuvimos varios días en el refugio. Allí había gente de todos lados y habían historias muy tristes. Mire, todas las mujeres que llegaban allí las habían violado. Yo me sentía bien porque por lo menos no me había pasado eso. Aunque tenía un chichote en la cabeza que me dolía mucho.[14] El Genaro se hizo bien amigo mío. Cuando ya nos sentimos recuperados me dijo el Genaro que teníamos que seguir. Yo pensé mucho si seguir o regresarme. Pero a qué me regresaba a El Salvador. Ya había hecho mucho y además allá sin familia... la verdad es que yo lo que quería era morirme en el camino.

Agarramos unos buses que nos llevaron a varias partes de México. Genaro me decía bájese, súbase, corra, camine porque yo andaba como zombi, deambulando por los montes de México. Nos tardamos como un mes pero de una manera u otra llegamos a Tijuana. Yo ya había perdido como veinte libras. Allí nos pusimos de acuerdo con unos coyotes que nos llevaron hasta San Diego caminando. Yo nunca había mirado un desierto. ¡Qué feo es eso! Todo bien solito y da miedo. En San Diego nos subieron a unos furgones.[15]

"Mire, me dijo Genaro, métase donde le digan, que aquí ya nos falta poquito para llegar". El coyote abrió la parte de arriba del furgón y me dijo "Métase allí y no haga bulla". Y empezaron a meter como a treinta personas en un pedacito donde así regular sólo caben como diez gentes. Mire, no se podía respirar allí. Yo estaba hasta el fondo y había un señor atrás de mí. ¡Ay, ese viejo era bien chuco![16] Yo sentía su cosa en la espalda. Mire, y cuando aquel furgón se movía el viejo se me topaba y yo lo empujaba y me decía "Y qué quiere que haga si no ve que así se mueve el furgón". Entonces yo dije en mí "Ya va a ver este viejo" y en una de esas que se mueve el furgón y que le pego en su cosa, y allí sí se movió para atrás, y le dije yo "Ni modo, es el furgón".

Mire, allí no se podía ni respirar, olía como a pacuso. Esa es una palabra que nos inventamos allá en El Salvador, "pacuso" es pata, culo y sobaco. No fue mucho el viaje, era de San Diego a Los Ángeles, pero de todos modos allí uno se tira hasta los ventosos y qué se puede hacer. Cuando llegamos, nos bajaron por el parque MacArthur.[17] Y nos metieron en una casa a esperar a que los familiares nos llegaran a recoger para pagar la otra mitad. La amiga de la Sandra me llegó a traer, y cuando me vio empezamos a llorar y las dos ex-

---

14. Chichote: Contusión en la cabeza.

15. Vagón de tren.

16. Sucio.

17. Parque situado al oeste del centro de Los Ángeles. Este parque es también conocido porque en sus alrededores vive un gran número de salvadoreños.

trañábamos a la Sandra.

Siempre veo a Genaro y le agradezco a Dios por ponerlo en mi camino. A veces lo invito a comernos unas pupusitas.[18] Ahora estoy por agarrar mis papeles, pero siempre en mí hay un vacío bien grande. A veces cuando ando caminando en la calle pienso en la Sandra y pido que esté en el cielo con mi madre y mi papi. Las calles de Los Ángeles son muy solitas. A veces me dan miedo pero digo "María hay que seguir adelante". Y esa es mi historia o como dice usted ése es mi testimonio.

---

18. Comida típica salvadoreña.

ABUSO, PRISIÓN Y DESARROLLO HUMANO DE ROSARIO MUÑOZ

TESTIMONIO DE ROSARIO MUÑOZ RECOGIDO Y TRANSCRIPTO POR VICTORIA INFANTE[1]

Quería triunfar, lograr el sueño americano por la manera legal, por la manera de la inteligencia, pero el abuso me hizo caer, me hizo... me quitó la autoestima, y físicamente ya no reaccionaba igual que antes, que una persona normal. Él siempre me decía que yo era muy fea y muy estúpida. Muchas veces me ponía al espejo a llorar y decía "¿Por qué estoy tan fea? ¿Dios, por qué no me hiciste de ojos azules, güera, alta para que no me pase esto?" Yo creí lo que me decía, que era tonta, pero ya estaba completamente afectada, con mi autoestima destrozada. (...) Mi esposo me aisló de mi propia familia, y yo nunca quise decir nada por los papeles; yo no quería que inmigración y la policía

---

1. Victoria Infante accedió a estas grabaciones de los relatos de Rosario Muñoz en su calidad de periodista del diario *La Opinión*. Tanto el *LA Times* como *La Opinión* hicieron notas hablando sobre su caso y las razones que tenía el ex gobernador de California Gray Davis para no liberarla. Cuando esto sucedió, Victoria solicitó una entrevista con Rosario en la cárcel y se le otorgó. La periodista entrevistó a Muñoz en diciembre de 2003 en las instalaciones del San Pedro Service Processing Center (la instalación ha sido clausurada). La detenida estaba en espera de que se ejecutara una orden para deportarla a México. Desde ese centro de detención Muñoz luchó por obtener el perdón que le permitiera permanecer en Estados Unidos con su familia. Sin embargo, debido a que era indocumentada y había cometido un delito mayor, no tenía ninguna posibilidad de conseguirlo. La nota fue publicada en enero de 2004.Victoria Infante trabaja desde 1996 en *La Opinión*, diario en español que publica en Los Ángeles. Cuando entrevistó a Muñoz se desempeñaba como reportera de la sección local. Antes fue reportera por cuatro años de la sección de entretenimiento y actualmente es editora de *La Vibra*, semanario de la misma publicación que se enfoca en temas como la música, el cine y la televisión.

tuvieran un récord de mí y por eso me quedé callada, y eso es lo que pasa con muchas mujeres.

Rosario Muñoz

Esquema biográfico

Rosario Muñoz, una inmigrante mexicana, pasó casi 17 años de su vida en una cárcel de California. Fue hallada culpable de haber dado muerte a Julia de la Cruz, quien desde hacía varios años era amante de su esposo, Félix Muñoz. Cuando esto sucedió Rosario tuvo pocas armas para defenderse, a pesar de que había sido durante al menos 15 años víctima de violencia física, verbal y emocional por parte de su esposo. La fiscalía, en ese entonces, no tomaba en cuenta la situación psicológica de los acusados. Para la parte acusadora, éste había sido un crimen motivado por los celos y eso era suficiente para condenar a Rosario.

Sin embargo, Rosario, en su afán por salir una vez cumplida la condena, hizo méritos en la prisión que la hicieron sobresalir del resto de sus compañeras. Por ejemplo asistió a todos los cursos de rehabilitación que se ofrecían. Estudió inglés, estableció un fondo de educación para la hija de su víctima y se convirtió en una talentosa pintora. Aún así, en varias ocasiones el ex gobernador Gray Davis, quien tenía la responsabilidad máxima para la concesión del perdón, rechazó su petición de libertad condicional. Pero unos días antes de dejar el puesto, luego de ser destituido, y luego de recibir de nuevo la petición, decidió dejarle esa decisión al gobernador entrante, Arnold Schwarzenegger, quien en un sorpresivo gesto le concedió la libertad a Rosario.

Rosario fue deportada en 2003 a la Ciudad de México, donde comenzó una nueva vida lejos de sus hijos y su ex esposo. Allá la esperaba una herencia que le dejó su madre y la esperanza de empezar una vida distinta. Su madre cuando murió le heredó un edificio de departamentos, y Rosario tenía planeado vivir de la renta de ese inmueble. También contó que quería hacer trabajo comunitario con mujeres maltratadas, así como contactar artistas para trabajar con ellos y seguir cultivando su talento como dibujante. Nada de esto se ha podido constatar.

1. Rosario ante la "Justicia"

Hay muy pocas posibilidades de que me dejen aquí en Estados Unidos, pero yo soy producto de la violencia familiar. Cuando yo tenía ese problema nadie creía en la violencia familiar. Yo fui a un *shelter*,[2] a la Plaza de la Raza, pero no me quisieron ayudar porque era ilegal; ellos miraron que yo iba golpeada pero ni así quisieron; dijeron que lo sentían mucho pero no podían. Una vez también cuando fui golpeada llamé a la policía (yo vivía en Lynwood), y dijeron que era cosa de familia, que agarrara un abogado. Una vez me fui para México también y mi padre tampoco creyó, me hizo que me regresara para mi casa con mi esposo, para seguir en esa situación, hasta que un día me enfermé de los nervios.

Estaba completamente enferma, y en ese estado emocional cometí mi crimen, y me fui a la prisión por 17 años. En la prisión yo hice todo: me enseñé a hablar inglés, a escribirlo, a leerlo, agarré mi *high school diploma*, agarré dos carreras, fui a todos los cursos de terapia, especialmente a los de violencia familiar.

Una de las cosas que me enseñé fue a pintar. Con lo de las pinturas ayudé a mi hija con el colegio; a ir a la universidad, yo le daba el dinero para que ella estudiara. También con el dinero que yo ganaba de mis pinturas yo le compré bonos de colegio para la hija de mi víctima.[3] Ahora que voy ante la juez quisiera que me dieran una oportunidad porque yo fui discriminada cuando andaba buscando ayuda; como hispana fui discriminada, no recibí la ayuda que a las americanas les dieron. Todo porque quería conseguir el sueño americano. Yo no quise ir a la policía ni hacer nada más porque estaba aplicando para la amnistía del 85, del 86. Yo para no perder mis derechos, para que no vieran que yo era una persona de conflicto, nunca dije más nada. Lo único que pensaba es que si yo tuviera mi mica,[4] tendría la oportunidad de correr o esconderme o hacer algo.

Pero esa mica nunca, nunca, llegó, porque yo me enfermé, físicamente me enfermé, y nunca cumplí el sueño americano, y ahora enfrento una deportación, pues, de por vida. Yo tengo a mis hijos aquí; ahora son ciudadanos americanos. Tengo un hijo en la Fuerza Aérea; él fue a Afganistán y fue a Irak a una misión especial. Si mi hijo está donde está es por este país, ¿por qué a su madre no le dan el perdón para quedarse con su familia en los Estados Unidos? Una oportunidad al menos...

---

2. Refugio para mujeres víctimas de maltrato.

3. Bonos de colegio: Bonos de ahorro a nombre de la hija de la víctima para sus estudios.

4. Tarjeta de residencia.

2. El perdón

Soy la primera persona que perdona el gobernador Schwarzenegger. Soy la primera hispana y soy la primera que quiere luchar por quedarse, porque muchas prefieren irse y olvidarse. Pero yo quiero pelear por mis hijos; yo quiero tener la oportunidad. Yo no quiero estar por allá, lejos, y que lo vayan a ver a uno cada año, cada seis meses. Yo siempre soñé con verlos comer, verlos reír, verlos correr… siempre soñé con que cuando llegaran a la casa iban a abrir la puerta e iban a oler el olor de mi comida… Yo no fui nunca drogadicta, nunca vendí drogas, nunca fui prostituta; yo tenía dos negocios y trabajaba 14, 18 horas diarias. Uno era una *market* y otro una factoría de coser ropa de niños. Trabajaba muchísimo, no era una persona que vendía drogas o andaba haciendo mal.

Mi esposo era alcohólico, él tomaba mucho; y cada vez que andaba así era muy agresivo, muy violento.

Ese día que fue mi crimen habíamos ido a un parque. Él se llevó cervezas y whisky y me ofreció a tomar y yo le dije que no quería tomar porque odiaba el alcohol, porque siempre que él tomaba me abusaba verbal, emocional y físicamente. Sí, yo odiaba eso. Él empezó a tomar; me ofreció, me dijo que por qué no y empezó a ponerse agresivo otra vez conmigo, verbalmente, y yo para evitar ese abuso empecé a tomar. Ya para ese momento a él le había afectado muchísimo el alcohol que había tomado. Y ese día, para evitar su abuso empecé a tomar, y al tomar cuatro o cinco cervezas me mareé completamente. Pero no era mi costumbre emborracharme, sino que lo hice para evitar su abuso. El alcohol que consumí me afectó mucho a mí para reaccionar a lo que estaba a punto de hacer. Me afectó.

Un mes antes, él me dijo tomado que tenía una niña, aunque había dicho anteriormente que no era su hija. Cuando yo estaba en la cárcel del condado él me dijo que había cometido muchos errores, pero que la niña era de él.

3. Abuso doméstico

Yo estaba muy ocupada trabajando en los dos negocios. No tenía tiempo para andar investigando. Yo tenía tres, cuatro empleadas que me ayudaban. Mis hijos participaban en los equipos de béisbol, tenían sus actividades de la escuela y mi hija tenía clases de natación. Así que yo estaba completamente ocupada, no tenía tiempo ni pa' andar de celosa ni pa' andar buscándolo ni pa' nada. Yo siempre pensé que iba a triunfar; ése era mi sueño, el de triunfar. Y yo sabía que si yo recibía la mica iba a estar libre de la vida que me daba mi esposo. Quería triunfar, lograr el sueño americano por la manera legal, por la manera de la inteligencia, pero el abuso me hizo caer, me hizo... me quitó la autoestima, y físicamente ya no reaccionaba igual que antes, que una persona normal. Él siempre me decía que yo era muy fea y muy estúpida. Muchas veces me ponía al espejo a llorar y decía "¿Por qué estoy tan fea? ¿Dios, por qué no me hiciste de ojos azules, güera, alta para que no me pase esto?". Yo creí lo que me decía, que era tonta, pero ya estaba completamente afectada, con mi autoestima destrozada. Yo sabía que algo estaba mal porque iba a otras "marketas" o a otra parte y mi autoestima no la tenía, y yo me preguntaba "¿Pero por qué me siento así? Yo soy lista, ¿Por qué me siento así?". El abuso emocional me quitó la autoestima, me quitó mi familia. Félix siempre culpaba a mi familia de todo lo que pasaba en nuestra relación, y para evitar confrontamientos con mi familia, yo les pedía que se fueran. Mi esposo me aisló de mi propia familia, y yo nunca quise decir nada por los papeles; yo no quería que inmigración y la policía tuvieran un récord de mí y por eso me quedé callada, y eso es lo que pasa con muchas mujeres.

Una vez íbamos caminando por el Whittier Boulevard y yo miré a la policía mientras llevaba a mis hijos chiquitos, agarrados de la mano. Quería ir y decirle a la policía, "Mira, mira lo que me está pasando, te quiero enseñar; necesito ayuda". Pero sentí miedo, miedo por mis papeles. No hablaba inglés tampoco; eso no ayuda a salir adelante.

4. Los designios de la estructura patriarcal

Mi papá abusaba a mi mamá, y mi mamá nunca dijo nada. Mi papá era bien abusivo. Yo pensé que era normal, yo pensé que todas las familias latinas pasaban por ese problema, que era normal. Una vez cuando me fui para la casa, lo dejé a mi esposo y me fui con mis tres hijos. Hablé con mi padre, mi madre, la mamá de mi esposo y las hermanas de él. Mi papá estaba diciendo que mi esposo iba a cambiar, entonces yo le dije a mi papá "Papá, no te creas. Este señor me abusa todo el fin de semana y se disculpa el lunes. El lunes está diciendo que ya no lo va a volver a hacer". Eso estábamos discutiendo y mi hijo el más pequeño estaba hablando por teléfono con su papá pidiéndole que nos llevara a la casa, que lo extrañaba mucho. Mi papá miró eso y dijo "Mira lo que está pasando; tú no puedes quitarle el padre a tus hijos, y yo no permito una hija divorciada.

Tú te buscaste tu esposo y tú te vas con él, yo no te quiero aquí. Si decides dejarlo, en mi casa no te quedas". No me quedó otra más que venirme otra vez pa' atrás. Una de las cosas que mi esposo me decía es que si yo lo volvía a dejar él me iba a seguir y seguir y me iba a quitar a mis hijos. Yo sin papeles, sin dinero, y con tres chiquillos miré que el mundo se me acabó. Toda mi familia me dejó; nadie me dijo "Vente, yo te ayudo; vente, déjalo, ven aquí". Todo mundo me dejó. El último año, antes de que pasara eso ya estaba completamente acabada. Yo hablé con una de las muchachas y le dije que probablemente iba a cerrar todo y me iba a ir y me dijo "No haga eso señora, porque nosotras dependemos de usted y de nuestro trabajo; por favor no haga eso". Yo también me sentía responsable por ellos.

5. Daños físicos y trastornos psicosomáticos

Últimamente me salían ronchas; eran unas ronchas que te arden. Cuando mi esposo empezaba a tomar o a ponerse agresivo las ronchas me salían. Y hasta me salían en los ojos; me empezaba a rascar como un perro. Fui al doctor y me dieron muchas cosas.

 Pero ahora sí cuidan a la gente; ahora sí hay tratamientos para mujeres abusadas. Pero antes no, antes no lo hacían. Yo en mi desesperación llamé al radio y les dije lo que me estaba pasando, ¿que no hay alguien que ayude? Decían que no, que nomás lo dejara y que me fuera, pero tenía miedo de irme porque me decía que me iba a seguir, que me iba a quitar mis hijos.

6. Prisión y rehabilitación

Yo pensé que nunca iba a salir de la cárcel. Aquí hay mujeres que ya tienen 25, 30 años encerradas. Muchas de ellas ya se están enfermando. Muchas mujeres que tienen sentencias muy largas ya se están muriendo. Como el gobernador Davis no concedió libertad condicional para nadie, yo pensé que yo iba a estar igual, que nunca iba a salir. Por eso me metí mucho en la iglesia, en grupos de terapia, control de la ira, toda clase de terapias. Fui a grupos para ver cómo un crimen impacta a tu víctima y a la familia de tu víctima. Tuve mucha rehabilitación ahí, fue por eso que el gobernador y la junta de libertad condicional me dieron el "okay", porque día y noche desde las 6:30 de la mañana hasta las ocho de la noche me la pasaba trabajando, principalmente estudiando, preparándome. Yo pensé que las puertas que se cerraban detrás de mí, tan pesadas, nunca se me iban a abrir. Eso siempre pensé. Nunca piensas que se va a lograr. Esto de la prisión es un mundo completamente diferente. El aire que respiras ahí es otro aire. Es otra atmósfera, otra agua. Es un mundo completamente diferente al de afuera.

Davis rechazó mi caso una vez que porque la violencia familiar nada tenía que ver con mi crimen; que yo cometí mi crimen por celos y que todavía me faltaba tiempo en la cárcel. Bueno, sentí que ese hombre... yo le mandé una carta y le dije que él tenía el derecho de tener 36 prisiones en California y tenía el derecho de no dejar salir a nadie. Él tenía el poder para tener las cárceles llenas de prisioneros, de gente enferma, gente mayor. Hay muchas mujeres que siguen en la cárcel y que ya cumplieron su tiempo.[5] Lo que yo no iba a aceptar era la opinión de que la violencia familiar no había tenido nada que ver con mi crimen, porque para opinar sobre eso tendría que vivir ahí para saber lo que es, y tendría que estar casado con un alcohólico; también eso es terrible. Nunca me contestó.

7. Humanización del esposo

Mi esposo después de lo que pasamos fue a Alcohólicos Anónimos a terapia. Dejó de tomar y reconoció que cometió también errores por su machismo, por su ignorancia, por lo que sea, y se dedicó a trabajar y a cuidar a los niños. Todos mis hijos fueron al colegio y él los ayudó. Él trabajó de día y de noche porque se sintió también culpable por lo que pasó. Últimamente él también mandaba cartas a la junta aceptando su culpabilidad, pidiendo disculpas y pidiéndoles que me dejaran salir.

8. El día del asesinato

Nosotros teníamos esa pistola porque ahí donde vivíamos teníamos dos negocios y había muchos cholos, muchas gangas. Pero yo, como te digo, ya estaba físicamente afectada, y ese día casi me obligó a tomar las cervezas. Mis hijos fueron los que empezaron a decir que estaban cansados de esa situación. Félix los descuidaba muchísimo, no les ponía atención, y ellos estaban más traumatizados que yo. Entonces cuando yo vi que mis niños empezaron a llorar y a traumatizarse porque Félix empezó a gritar y todo, yo dije "Yo tengo que poner un alto a esto". Fui a buscarlo pero para enfrentarlos a los dos

---

5. Después de cumplir una condena, los convictos tienen que solicitar el perdón a la junta de libertad condicional; esta junta luego somete sus sugerencias al gobernador. Rosario Muñoz se refiere a las mujeres que ya cumplieron con su plazo carcelario pero que siguen en la prisión porque la junta no las quiere liberar o porque el gobernador no quiere otorgarles el perdón.

[a él y a su amante] y decirles "Déjenme en paz, por favor déjenme en paz; váyanse ustedes y déjenme en paz con mis hijos". Yo me llevé la pistola porque sabía que mi esposo era violento; dije, "Así lo asusto y no me golpea". Pero cuando yo llegué ahí él estaba tomando; yo miré que estaban bien contentos. Yo me miré a mí y miré a mis hijos. Y es ahí donde a mí me dio coraje. ¿Cómo ellos viven esta vida así, y yo y mis hijos siempre estamos al pendiente, llorando, miedosos? Ahí fue cuando disparé la pistola. Le quise disparar a Félix. Apunté hacia él, pero la muchacha puso su cuerpo enfrente de él y a ella fue a la que maté. Pero no puso el cuerpo para cubrirlo a él; ella puso su cuerpo porque la niña estaba en medio sentada, pero yo a la niña no la vi. Ella puso su cuerpo para tratar de proteger a la niña y ella fue la que murió. Yo te juro por Dios que esa mañana me levanté... sí, estaba afectada de los nervios y todo eso, pero jamás, yo nunca pensé que me iba a pasar eso. Nunca pensé que yo iba a matar a alguien.

SEXTA PARTE: ENTRE LA "BIOGRAFÍA" Y EL "TESTIMONIO"

Yo vengo a hablar por vuestra boca muerta.
A través de la tierra juntad todos
los silenciosos labios derramados
y desde el fondo habladme toda esa larga noche
como si yo estuviera con vosotros anclado.

Pablo Neruda

ENTRE LA "BIOGRAFÍA" Y EL "TESTIMONIO"; UNA CONFIGURACIÓN DE LOS LAZOS FAMILIARES ENTRE MÉXICO Y EE.UU.

RELATO AUTOBIOGRÁFICO DE ENEDINA SÁNCHEZ RECOGIDO Y TRANSCRIPTO POR NORMA Y ESTELA SÁNCHEZ MÁRQUEZ

> Si oye ruidos no se asuste, porque son otras personas que van igual que usted. No se asuste. No son animales, no son coyotes, no son nada que la vayan a atacar. Son personas que van como usted, corriendo, escondiéndose para pasar.
>
> Enedina Sánchez

Esquema biográfico

Esta narración ha sido recogida y transcripta por Estela y Norma Sánchez Márquez, las únicas hijas de la narradora. Ésta, Enedina Sánchez, nació en 1937, en el Rancho "El Capulín de los Márquez" en un pueblo llamado Colotlán en Jalisco, México. Luego se desplazó a la ciudad de Guadalajara en 1952. La primera vez que vino a los Estados Unidos fue en 1964; se quedó un año y luego volvió a Guadalajara. En 1971 regresó a los Estados Unidos para vivir con su pareja, Manuel Sánchez. En 1977 se fue a Guadalajara para que nacieran sus hijas, Norma y Estela (las transcriptoras). Después retornó a este país (EE. UU.) en el mismo año. En 1986 regresó a Guadalajara junto con sus hijas de ocho años de edad. Luego, Manuel se fue a vivir a Guadalajara en 1989. Manuel regresó a los Estados Unidos en 1994 para obtener su ciudadanía y poder arreglar la residencia legal de sus hijas Norma y Estela, en ese mismo año. Después, regresó a vivir a Guadalajara. Estela y Norma, junto con su padre, volvieron a los Estados Unidos en diciembre de 1997. Enedina llegó nuevamente a este país (EE. UU.) en 1999, después de haber obtenido un permiso de turista. En noviembre de 2003 Enedina y Manuel se casaron. Norma y Estela se nacionalizaron en 2004. En ese mismo año, ellas pudieron arreglar la residencia per-

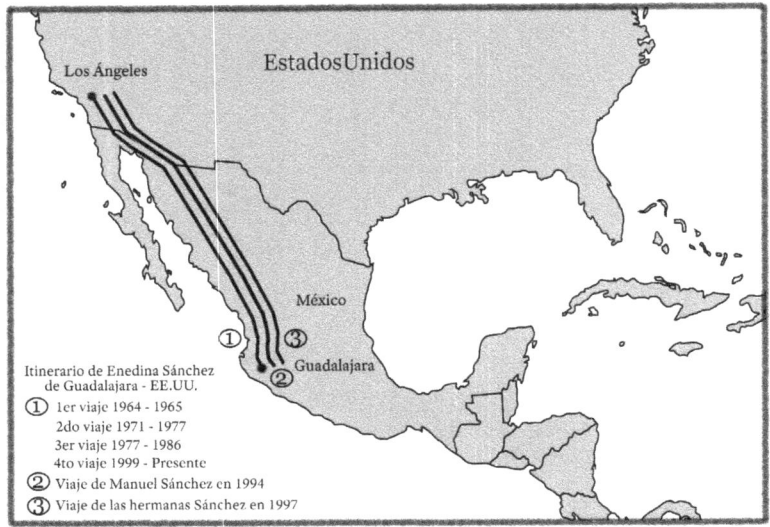

Itinerario de Enedina, Manuel e hijas (escala 1 cm : 2503 km).

manente de Enedina.

Introducción

Soy Enedina Sánchez. Soy mexicana y tengo 71 años. Creo que es importante mi testimonio para que muchas mujeres que ahora leyeran este testimonio, estas memorias mías, no cometan los mismos errores, las mismas torpezas que cometí yo. Les llamo torpezas por inmadurez, poca experiencia, digamos, no pensar muy detenidamente las cosas sino hacerlas así, muy a la "a ver qué sale".

1. Primeros dos viajes

La primera vez que vine a este país (EE. UU.) fue en 1964, más o menos por ahí. Me vine a Chicago. El motivo de mi venida por ese entonces era vacaciones de mi trabajo en Guadalajara. Me dieron un permiso de tres meses en el consulado y yo venía con un permiso nada más de un mes de mi trabajo. Pero ya estando aquí, poquito antes del mes, me escribió mi hermano diciéndome que la planta que yo tenía en el trabajo en Guadalajara la habían vendido y yo ya no la podía reclamar. Entonces, me gustó aquí y pensé "Voy a quedarme; voy a buscar un trabajo para estarme aquí un tiempito más". Al fin que tenía tres meses de permiso del consulado y busqué un trabajo. Me puse a trabajar.

En ese entonces, un muchacho me propuso que me casara con él, que él me emigraba, pero que primero tenía que acostarme con él. Y yo, a pesar de tener ya 23 años, la muy torpe acepté. Me acosté con él y a los... no me acuerdo muy bien, a lo mejor fue a los dos días máximo cuando él estaba tomado, me comentó que no me iba a cumplir lo que me había prometido, que no se iba a casar conmigo por "ligerita", me dijo. Lo dejé; me fui de con él, pero yo seguí trabajando y me dije "No, yo voy a seguir trabajando nomás para juntar mi pasaje y me regreso a Guadalajara", pero alguien me deportó. No supe nunca quién me deportó y entonces los de migración fueron a donde yo vivía a buscarme con la amiga.[1] Me dieron tres días para salir del país. Y sí, a los tres días me regresé a Guadalajara y ya estando allá no volví a intentar venirme hasta como a los diez años después.

Decidí venirme por segunda vez a los Estados Unidos porque me enamoré de un hombre casado. Él estaba aquí y me hizo la proposición que me viniera para acá con él.[2] Su mujer y sus hijos se iban a quedar en Guadalajara. Él todavía no estaba emigrado, pero tenía un permiso para estar aquí y seguro social también.

Yo llegué aquí en el 70 o 71, no estoy muy segura. Busqué un trabajo en la costura y me dijeron que necesitaba seguro social y la misma señora donde iba yo a empezar a trabajar me dijo cómo, qué llevara. Nomás necesitaba llevar el acta de nacimiento y con eso me mandaban mi seguro social a mi casa. Así lo hice y me mandaron mi seguro social y el siguiente lunes ya empecé a trabajar en la costura. Por cierto, duramos trabajando con esa señora como unos seis meses. Las últimas tres semanas a todos nos dijo que no tenía dinero, que no podía pagarnos esa semana y que para el otro fin de semana tampoco. Fueron tres fines de semana y el último viernes que trabajamos con ella nos dijo "Ahora sí ya para el lunes les voy a pagar a todos". Éramos 17 en la costura y el lunes que fuimos a trabajar no había ni máquinas ni nada. Se desapareció la señora con todo y todo. Y hasta la fecha todavía tengo el cheque que nos dio que nadie pudimos cobrar. Nadie. De veras, aquí lo tengo. No había dinero en el banco. Olga se llamaba aquella mujer. No pensé en demandar porque no sabía yo a quién dirigirme o qué hacer. Decidí quedarme así nomás. Esa vez que me vine en el 71 fue cuando me dieron mi

---

1. Tenía una amiga llamada Elisa Camarillo con quien vivió durante tres meses cuando tenía permiso para estar en los Estados Unidos.

2. Se refiere a Manuel, con quien se casó en el año 2003, después de que él se divorciara de su primera esposa, Graciana.

visa por tiempo indefinido de turista.

Después conseguí otro trabajo; ya tenía mi seguro. No pedían más del seguro social. No pedían mica ni nada de emigrada o no emigrada.[3] Así que yo conseguí otro trabajo con Miss Eliett. Trabajé con ella tres semanas o cuatro. Ahí fue donde conocí a Adolfo. Después de ahí salí y yo iba a México nada más cada año para pasar allá navidad y año nuevo. Me estaba sólo un mes. Aquí en EE. UU. mi patrón Adolfo, en ese tiempo, siempre me guardaba mi máquina; no se la daba a nadie. Entonces yo tenía la mica que me dieron en el 71 que me vine la primera vez aquí a Los Ángeles. Duré del 71 al 76 yendo y viniendo cada año y en el 77 me fui en noviembre que iba embarazada esperando a mis gemelas.[4] Mis hijas nacieron en Guadalajara en el mes de febrero.[5]

En uno de mis viajes a Guadalajara traje a mi prima Jovita a trabajar con Adolfo acá en los Estados Unidos, más o menos en el 76. En ese año fue cuando una señora que era ilegal también, Ramona, que era de México también, de Cocula,[6] estaba arreglando sus papeles. Convivían bien todas, pero ¡ándale!, que le llegaron sus papeles y poquito tiempo después le mandaron su mica. "Ahora sí, todas las que me caen mal y todas las que me han hecho enojar me la van a pagar y les voy a poner el dedo" dijo. Y llamó a emigración, nomás que yo me escondí y eso que yo nunca le había hecho nada. Pero al entrar emigración allí, revisan a todo mundo, no nomás a los que a ella le caían gordos o gordas. Yo me escondí en el baño. Había dos cosas como para poner pedacera de material y ahí me escondí yo. Otras dos y yo ahí nos metimos. Oímos antes de eso "¡Emigración!" gritó uno de ellos. "¡La migra!"; ¡y el corredero! Se llevaron ese día de ahí a 35 o 36 personas. Al jefe no le hicieron nada, pero, ¡ay!, qué odio que agarraron por Ramona. Nomás un día más trabajó ahí Ramona que ya tenía como 6 o 7 años trabajando ahí. La corrieron. Le dijeron "Serás muy legal, pero aquí no vuelves a poner un pie". Sabrá Dios qué le hicieron. Nunca la volvió a ver nadie a Ramona, de Cocula. Sólo esa vez me tocó estar en peligro que me agarrara la

---

3. Mica: Significa la tarjeta de residencia; sin embargo lo que se le otorgó a Enedina fue un permiso indefinido de turista en su primer viaje.

4. Las hijas son de Manuel.

5. Ese tema, Enedina lo explica en la siguiente página.

6. Es un pueblo de Jalisco, México, cerca de la ciudad de Guadalajara.

migra.

2. El gran cruce (Viaje a México, nacimiento de sus hijas y retorno extremadamente dificultoso a los Estados Unidos)

Me fui a México en el 77 porque aquí los doctores que me atendían, los tres, querían que abortara. Yo quería como diera lugar tenerlas, no quería perderlas. Yo planeaba; tenía muchos deseos de ser mamá. Yo no pensaba en emigrarme o no; yo sólo pensaba en ser mamá. Los doctores querían que abortara. Me decían que porque era primeriza y muy grande y que mi producto... Me daba mucho coraje que me dijeran "mi producto". Yo sentía... y a uno sí le dije "Pues si no soy vaca, soy un ser humano; diga su bebé, tu bebé; no digas su producto". Me daba mucho coraje. Me decían que venía malo. Nomás me decían, pero yo les decía "¿En qué te basas a decir que viene malo mi bebé? ¿porque soy primeriza? ¿porque tengo 40 años? ¿por eso? -Sí, por eso", me decían. Entonces me daba miedo y buscaba a otro médico y me decía lo mismo el segundo. El tercero de plano me puso un papel que lo firmara yo. Quería que le firmara para provocarme el aborto y no quise; no quise y me dio mucho coraje. Le dije yo "Tanto que le pedía a Dios que me dé un hijo porque yo quiero ser mamá" le dije, "¿y tú me lo quieres matar?" Dios sabe por qué permitió que yo quedara embarazada. Me dijo el doctor "Ah, pues si confías tanto en tu dios pues tenlo pues, venga como venga, pero no viene bien tu producto". Sin hacerme una prueba; nomás porque era primeriza y de 40 años. Posiblemente sí había otra razón, pero a mí nomás eso me decían. Ahora que pienso, pienso que a lo mejor era porque si nacía mal, después el gobierno iba a tener que mantenérmelo. El primer doctor era un italiano, el segundo era un blanco y el tercero uno de color. Entonces fue que yo decidí irme a México a que mis hijas nacieran allá, a que no me las fueran a matar aquí y le prometí al doctor que cuando volviera le iba a llevar a mi bebé para que lo viera. Y así lo hice.

Después que nacieron mis hijas, me vine de Guadalajara a Tijuana en avión y Manuel aquí consiguió una que le llaman "coyota" para pasarlas a ellas dos de ilegales. Yo venía con la mica que me habían dado por tiempo indefinido de turista. Se vino Manuel con la "coyota" en el carro y ellas dos de cinco meses y yo iba a pasar a pie con mi mica, pero... Llevaba yo mi bolsa y mi neceser.[7] Nunca pensé y cometí la tarugada de dejar mi seguro social en el neceser, no traer-

---

7. Una maleta de tamaño pequeño.

lo en mi bolsa. En mi bolsa no me esculcaron nada, el neceser sí, y lo encontraron y me dijo el de emigración "Tú vas a trabajar, no vas de visita. Tu mica es para visitar, no para que trabajes. -No" le dije, "no voy a trabajar. -Sí, vas a trabajar; traes seguro social. Así que tu mica ya no vale". Sacó unas tijeras y enfrente de mí le dio dos tije-razos y la aventó al bote de la basura. Me dio mucho coraje. Me dijo "Tú a mi país no entras" y le dije, "Pues te garantizo que sí. Dame tu dirección y te garantizo que mañana o pasado cuando mucho te llega una tarjeta postal de Los Ángeles, cabrón, pendejo". Así se lo dije. Me dio mucho coraje que la rompiera así con esa facilidad.

Entonces en vez de tratar de entrar, pues me devolví y cuando Ma-nuel fue a recogerme a donde habíamos quedado, pues yo no llegué. Entonces tuvo que salir a buscarme a la línea, a Tijuana. Me dijo "¿Quiubo, qué pasó? ¿por qué te devolviste? -Porque no me deja-ron entrar.-¿Por qué? -Porque encontraron mi seguro social. Me dijeron que no iba de visita, que iba a trabajar y me rompieron la mica. –Ah, qué viejo. ¿Ahora qué hacemos?" Y le dije pues "Tráeme a mis hijas. Tráemelas". Y dijo "No, no. Vamos a llevarte a un hotel y mañana venimos por ti. La misma señora que pasó a las niñas viene por ti mañana. ¿Te animas? -Donde sea, aquí o en México. Aquí, en Guadalajara o en los Estados Unidos, pero yo no me separo de mis hijas. ¿Qué Manuel, qué hacemos? ¿Me traes a mis hijas para regre-sarme a Guadalajara? Porque yo no voy a estar separada de mis hi-jas. Mis hijas no pueden estar sin mí y yo sin ellas. -Bueno, entonces vamos a llevarte a un hotel y mañana venimos por ti. -¿Y dónde vas a dejar a las niñas?" Y él dijo "Allá las dejo con Lalo y Sara". Él era un compañero de trabajo de Manuel y yo la conocía a ella también. "Nomás se quedan a dormir. Ella las cuida hasta mañana que vayas tú. No te preocupes".

¡Ay Dios mío! Qué noche pasé llorando con una angustia, con una desesperación. Hasta la fecha les comento a mis hijas que esa musiquita de las paletas me dan... Quisiera con el alma callarlos porque todo el día pase y pase los camioncitos esos vendiendo helados y esa musiquita que tienen siempre me recuerdan aquel mal momento. Y así es. Toda la noche en la ventana viendo para afuera. No dormí ni un segundo. Me acuerdo que era en el segundo piso en un hotel en Tijuana; no me acuerdo cómo se llamaba ni nada. Toda la noche pensando en mis hijas, principalmente en ellas, "¿Cómo estarán? ¿les prepararían bien su leche, sus biberones? ¿las cambiará Sara cuando necesiten cambio de pañales?" ¡Ay Dios mío!

Fue una cosa horrible. Qué noche pasé. Qué noche tan horrible.

Otro día a las ocho de la mañana ya estaba Manuel allí tocando la puerta del hotel. Y tuve que esperar todo el día otra vez para poder pasar en la noche acá en el cerro. Así que ese día que no me dejaron pasar, pasé el resto de la tarde allí, toda la noche y esperé el siguiente día. Manuel me llevó a desayunar, a comer. Ese día se me hizo eterno. No pude comer nada. Sin dormir y sin comer; ¿cuál hambre? Era una angustia, una cosa como no te puedes dar una idea. Me acuerdo y siento que fue ayer (hace una pausa para aclarar su garganta porque empieza a llorar)... Imaginarme a mis hijas tan chiquitas, sin mí y yo sin ellas. ¡Ay qué tremendo! Qué horrible. Qué experiencia tan horrible. Pues ya en la noche llegó la señora que quedó de ir por mí al hotel donde yo estaba. Planeamos que yo iba a pasar por el cerro. Nos íbamos a encontrar en un restorán McDonald's. Odio hasta la fecha esos restoranes. Me recuerda todo aquello tan terrible para mí. Esa noche fuimos a cenar. Cenaron ellos, la señora y Manuel porque yo no. Yo tomaba café y fume y fume. Puro fumar y tomar café. Un jugo me animé a tomar. Él me decía "Tómate algo. Un jugo pues".

Y ya dieron las doce, "Vámonos". Nos subimos al carro con Manuel. Nos fuimos los tres y en cierta parte antes de pasar la línea nos bajamos la señora y yo. Manuel pasó solo en la camioneta. Manuel se fue a pasar la línea en el carro y la señora y yo nos desviamos en dirección a ir al cerco, a la cerca donde había un agujero. Ella ya había pasado a gentes así, a hombres o mujeres. Ella tenía práctica y de eso se mantenía. Eso era su trabajo, de coyota. La señora y yo caminamos por una ruta hacia arriba, como al cerro y llegamos hasta donde está la línea, la cerca donde está un agujero. Me dijo la señora "Pase por ahí. Camine como unos cinco minutos nomás, como cinco minutos después de la cerca. Entonces da a su izquierda, da vuelta a su izquierda y camina como aproximadamente como cuadra y media a pie y ya baja. Va a bajar en dirección a un restorán McDonald's y allí voy a estar yo esperándola". Estaba una cola tremenda pasando la línea. Me dijo "A esas horas ya vamos a estar su esposo y yo esperándola para irnos". Y yo seguramente iba con tantos nervios, con tanto... y en la noche. Eran como las 2:00 de la mañana todo eso. Yo no podía ver el reloj, ni podía ir prendiendo cerillos para ver el reloj. Por cierto que hasta la señora me comentó "Si fuma, no se le vaya a ocurrir prender un cigarro porque por la luz del cerillo se dan cuenta que allí va alguien. Si oye ruidos no se asuste, porque son otras personas que van igual que usted. No se asuste. No son animales, no son coyotes, no son nada que la vayan a atacar. Son personas que van como usted, corriendo, escondiéndose para pasar. Y así fue. Pero en ese momento yo ni me acordaba qué me había dicho la señora que no me asustara. Había partes donde los árboles eran muy bajitos como matorrales muy cortitos y tenía que ir casi en cuclillas, casi agachada, como un animal, a cuatro patas. En cuclillas no podía. Ponía mis manos en el piso. Me acuerdo que amarré mi suéter aquí en el cuello y la bolsa me la puse en el brazo y así para atrás. Me la puse aquí así y en vez de dejarla colgada para enfrente la eché para atrás así.[8]

No rezaba yo. No rezaba porque nunca fui muy afecta a rezar. Nomás decía "Creo en ti, Señor. Llévame con mis hijas por caridad. Llévame con mis chiquitas, Señor. Ayúdame, Señor; llévame con ellas". ¡Ay Dios mío! Ratos, los lentes me los tenía que quitar para limpiarme las lágrimas porque se me oscurecía la vista por ir llore y llore y tiemble y tiemble. Había tierra suelta y mucha piedra chiquita y había unas matas como matorrales que les llamamos nosotros por allá donde yo soy, pero chiquitas como de un metro las más grandes y a veces me encontraba con arbolitos más grandes. Había partes que estaba muy tupido y partes muy pelonas y muy oscuro y yo oía unos ruidos y ruidos y me quedaba yo quieta y no me animaba a... Me acuerdo que me había dicho la señora "No vaya a hablar; que no la oiga nadie. No hable, no pregunte. No le hable a nadie. Usted camine y camine" y yo decía "Ay Dios mío, ayúdame" casi en secreto decía yo "llévame con mis hijas Señor; llévame con mis hijas. No las dejes sin mí, Señor". Ya cuando salí, cuando creí que ya había bajado y en eso... no sé cómo; tengo muy presente que si hubiera caminado más, había tenido que bajar mucho porque yo vi hondo pa'llá un barranco. Y aquel barranco fue el que me detuvo. Yo dije "No, yo ya no voy a caminar". No sé. Caminé mucho porque salí exactamente... ¿dónde crees que salí? Exactamente donde estaban las oficinas de emigración. Exactamente como a tres cuadras de donde me dijeron. En vez de desviarme nomás como cuadra y media caminé casi tres cuadras completas.

Yo nunca había visto a uno con uniforme de emigración. Salí y estaban dos ahí afuera en una especie de patiecito. Muy disimulada cuando los vi ahí, atravesé yo una vía del tren. Cuando los vi allí abrí

---

8. Nos mostró con ademanes la manera en que se acomodó el suéter y la bolsa: el suéter se lo puso alrededor del cuello y la bolsa la colocó sobre su espalda y la correa alrededor de su brazo.

mi bolsa, saqué un cigarro y mi encendedor y lo prendí. Seguí caminando, fumando mi cigarro como andando según yo muy tranquila. Pero no, Dios mío. Les dije "Perdone señor. -Sí, dígame señora"[9] me dijo el señor aquel. "¿Dónde está por aquí un restorán McDonald's? - ¡Ah!" dijo, "aquí a dos cuadras para allá. -Muchas gracias. ¿Qué es aquí?" le dije yo. Dice "Aquí es el departamento de emigración; ¿desea algo? -No gracias". Se me fue la sangre hasta los talones. Eran como las 4:00 de la mañana. Empecé a caminar a las 2:30. Yo duré como una hora u hora y media caminando. Pero duré mucho rato caminando así y así porque no hallaba si darle pa'llá o darle pa'cá porque estaba un tren parado. ¿Cómo pasaba yo? Entonces tanto caminé para allá que me devolví hasta el principio del tren. Es cuando pude pasar. Entonces ya muy tranquila me devolví y este... no me acuerdo bien exactamente, pero sí era en la madrugada. Ese señor nomás me dijo que caminara por esa calle y que a dos cuadras estaba el McDonald's.

Allí estaban Manuel y la señora, la coyota. Allí estaban, y estaba el otro este Ismael un compañero de trabajo de Manuel. Cuando vi a Manuel no lo abracé. No le dije nada. Sentía mucha tristeza, mucho coraje, muchas ganas de reclamar; un reproche que no salía de mi boca contra Manuel. Un reproche. Yo le echaba la culpa de lo que me estaba pasando porque yo sabía que ya había emigrado a sus otros hijos.[10] Le reprochaba que no estuviera casada con él. Tenía mucho sentimiento con él porque emigró a sus otros hijos y a mí no ni a sus hijas. A mí lo que me interesaba eran nuestras hijas. Yo sentía que tenían el mismo derecho porque todos eran sus hijos. Tenían el mismo derecho; sin embargo, no lo hizo. Duró muchos años para hacerlo. Cuando llegué al restorán no quería comer nada. Dije "Vámonos. Yo quiero ir con mis hijas; vámonos, vámonos". Dijo él "Vamos a comer algo; no has comido. -No importa, no tengo hambre, vámonos. Yo quiero ir con mis hijas" le decía.

En ese entonces, si tocaba la mala suerte de que nos pararan, pues nos teníamos que parar y esperar. Ismael, que ya murió ese señor, por cierto, se vino en su carro antes que nosotros para ver si estaban

---

9. El agente de emigración le habló a Enedina en castellano.

10. Manuel tuvo cinco hijos (tres mujeres y dos hombres) con la primera esposa. La hija menor de los cinco nació en los Estados Unidos y así Manuel y su primera esposa pudieron obtener su residencia permanente. Después, él consiguió la residencia permanente para sus otros cuatro hijos (del primer matrimonio).

trabajando los de los retenes donde estaban revisando los carros. Se salió y volvió a entrar al *freeway* y se fue para con nosotros rápido para decir "Ahorita, vámonos; ahorita no están revisando".

Ya cuando dijo Ismael que no estaban revisando en la garita es cuando me sentí bien porque estaba con el pendiente de que nos iban a parar y ahí me devolvieran otra vez. Por eso era pasar en la noche porque en la noche era cuando se iban al lonche o no sé qué horas trabajaban. Total que había muchos ratos de la noche que no trabajaban y era aprovechar esos momentos para pasarme a mí. Ya cuando dijo Ismael "Vámonos; no están parando carros" entonces dije "Ay, gracias Señor. Ahora sí me voy con mis hijas". Y llegué con ellas. Estaban despiertas cuando llegué. Pero no estaban llorando; estaban despiertas porque acababan de tomar su leche. Ya no les daba pecho. Les había dejado de dar precisamente porque ya me venía. Pues allá había quién me ayudara para darle a una y luego a la otra, pero acá en los Estados Unidos su papá irse a trabajar y ¿yo quedarme sola con las dos? Manuel me llevó con mi prima Anita en Glendale. Allí estuvimos dos semanas mientras que conseguía un apartamento para irnos. Manuel dormía con sus hijos que se los había traído años antes.[11]

3. *Primer y segundo restablecimiento en Los Ángeles*

Luego de llegar, Adolfo me llevó máquina a la casa. Yo siempre trabajaba en la casa. Fui a la fábrica durante una temporadita cuando pusieron la nueva orden de que iban a castigar a todo el que mandaba trabajo a la casa.[12] Entonces Adolfo me dijo "Para que no deje de recibir sus centavitos" dijo "véngase una temporadita a trabajar". Fue cuando mis hijas se quedaban; las cuidaban a ellas.[13] Después fue cuando Adolfo me llevó máquina y me mandaba trabajo. Me llevaba el cheque para que lo firmara y él mismo lo cambiaba y me mandaba el dinero. Era mi patrón. Ya no tenía permiso para estar aquí, pero sí tenía mi seguro social. Él sabía que yo era ilegal. Había

---

11. Manuel también se había traído a su primera esposa, ya que ella también estaba emigrada como se mencionó previamente.

12. Para cuando nacieron las hijas de Enedina, había una nueva ley que prohibía a los dueños de fábricas mandar trabajo a la casa de sus empleados. Sin embargo, ella iba a la fábrica algunas veces para que no sospecharan que ella trabajaba "ilegalmente" en casa.

13. Enedina dejaba a sus hijas con una vecina para que las cuidara durante el tiempo que ella estaba en la fábrica.

muchas ilegales trabajando con él. Me pagaba el mínimo.[14]

Del 78 al 86 que duramos aquí nunca tuvimos problemas con emigración, pero miedo sí. Siempre tenía miedo yo porque sentía: si me agarra la migra ¿y mis hijas? Tenía miedo que me separaran de mis hijas, por supuesto.[15] Yo le decía a Manuel con cierta frecuencia "Ay Manuel, si me agarra la migra, por favor, me llevas a mis hijas inmediatamente". Él decía "No les tengas miedo; no van a hacer nada". Pero nunca me decía sí o no. ¿Cómo se iba él a quedar con ellas aquí? ¿qué hacía con ellas aquí, chiquitas, como estaban? ¿a quién se las llevaba? ¿a sus otras hijas? ¿a la otra señora? Yo le decía "¿Cuándo las emigras, Manuel? -Luego, luego, hombre, luego, luego". Y ese maldito "luego" nunca llegaba. En sí, él nunca me emigró. Por él yo no estoy aquí. Yo estoy por mija, por una de ellas, por él no. Él dice que sí porque él las emigró a ellas por la media hermana de ellas porque la carta de sostenimiento se las dio Robert, el esposo de su media hermana, el viejo, el marido de ella. Yo pensaba "Si se casara conmigo" pero yo nunca le vi ni una chispita de luz. Tantas veces le preguntaba, pero ¿qué obtenía? Nada. Fíjate, ellas le exigieron que se casara conmigo.[16] Yo no sé por qué me enamoré tanto del papá de mis hijas. Ahora digo "¿Por qué me enamoré tanto? ¿por qué cometí tantos, tantos errores, tantas estupideces?" Si no sea por mis hijas que me han abierto tanto los ojos, yo creo que estuviera igual de idiota; igual de idiota.

Me regresé a México en el 86 por dos razones muy importantes para mí: mi mamá, ciega y sorda y mi papá un viejito de noventa y tantos años. Se quedaron solos. Mis hermanos no podían llevar a sus esposas a que cuidaran a los suegros y mis tres hermanitas sacudieron las manos y, "vente Enedina porque mi mamá te necesita". Además ya estaba yo harta, harta, fastidiada de estar con ese temor de estar aquí, el temor de la migra.[17] Yo creí que Manuel iba

---

14. La compañía no le daba ningún beneficio tales como el seguro médico, dental, etc. por no ser residente permanente.

15. Las hijas de Enedina tampoco tenían su residencia permanente, pero ella tenía miedo de que la deportaran a México y sus hijas se quedaran en los Estados Unidos con su padre, ya que él tendría que haberlas llevado a la casa de su primera esposa y sus otros hijos.

16. Enedina y Manuel se casaron para que ella pudiera obtener beneficios médicos en los Estados Unidos.

17. Enedina estaba esperando que se resolviera lo de la amnistía que ya llevaba un año en proceso. Ella reunía los requisitos para esa amnistía, ya

a cumplirme lo que me prometía, que las iba a emigrar, que nos iba a emigrar a las tres.[18] Le creí. Estaba cansada de estar siempre con aquella angustia con aquel temor. Para mí no había tranquilidad en la casa, mucho menos salir; y tenía que salir porque había que ir al mandado. Había que traer ropa, cosas para mis hijas.

Otro motivo por el cual nos fuimos a México en el 86 fue que Manuel iba a meter pleito para que lo pensionaran por su pierna.[19] Él dejó de trabajar y mientras que estaba lo del pleito, lo del abogado, él iba a estar sin trabajo y sin dinero. Manuel pensaba arreglar lo de su pensión y ya irse a México él también. Y así lo hizo. Él no me dejaba de mandar dinero para sostenernos. Él trabajaba en la mecánica, ya no en donde trabajaba antes.[20] Cuando se aseguró que le iban a mandar su cheque de pensionado, poquito antes de que muriera mi papá, llegó él allá.

En el 93 decidió nacionalizarse para emigrar a mis hijas más rápido. Quería emigrarlas para traerlas a estudiar aquí porque aquí habían más oportunidades, muchas más y con más facilidad que allá. En el 94 las emigró. Él pensaba "Terminen la prepa; luego ya se van; luego ya me las llevo". Terminaron la prepa en junio del 97 y él se vino en septiembre para acá para buscar dónde vivir, para estar preparado. El 13 de diciembre, el día que nevó en Guadalajara, ese día se vinieron mis hijas, iban a venir a estudiar y no fue así.

Manuel pensaba que me viniera cuando tuviera mi pasaporte de turista, pero ¿cuál? Fui tres veces a arreglar mi pasaporte de turista y las tres veces, pero eso sí, me cobraban, pero me decían que no. Cada vez que iba pagaba 45 dólares en ese entonces. La señora que me entrevistó que me atendió tres veces, a la segunda vez le dije "Pero si traje los mismos papeles que usted me pidió, todos". Esa vieja me dijo "Pero tú no vas a entrar a mi país. Ya te dije. Tú no vas

---

que había vivido en los Estados Unidos por varios años y tenía su seguro social desde 1972. Dicha amnistía se aprobó en octubre de 1986 cuando Enedina ya estaba viviendo en Guadalajara, Jalisco, México con sus dos hijas desde febrero de ese mismo año.

18. Manuel no podía arreglar los papeles de Enedina porque aún seguía casado con Graciana.

19. Manuel demandó a la compañía donde trabajaba (fábrica donde cortaban láminas) porque no le querían dar una pensión mensual ni seguro médico por estar deshabilitado.

20. Durante el tiempo de la demanda Manuel se dedicaba a arreglar automóviles de conocidos y amigos para poder mandar dinero a México para Enedina y sus hijas.

a entrar a mi país porque yo no quiero. Traigas lo que traigas". Y ya. Di la media vuelta y me salí. Al mes, porque ponen un límite para que uno pueda volver a intentar, volví con los mismos papeles pero ya por medio del abogado que le había pagado yo 6.000 pesos.[21] Con los mismos papeles que me rechazó la segunda vez que me entrevistó ella, el abogado los vio y dice "Pero si lleva todo lo que piden. —Pues me dijo que no, licenciado. —¡Qué señora ésta!" dijo el abogado. "Bueno, pues mañana va usted, les enseña sus mismos papeles. A lo mejor le toca la misma porque ahorita nomás hay dos, un señor y ella". Y dije "¡Ay Dios mío!, que no vaya a tocar la misma vieja méndiga. —Pero váyase tranquila", me dijo el licenciado "nomás eso sí, ahí no hubo nada. Si acaso me ve por ahí, usted no me conoce".

Cuando llego, que me va tocando y dije "Ya estuvo". Bueno. Pero fíjate, llegué y la vieja dijo "La que sigue". Fíjate qué vieja infame. Apenas abrió la carpeta donde llevaba yo todos los papeles y nomás vio mi nombre y luego, luego puso un sello y "Vete afuera y allí en la ventanilla número tanto vas a pagar 40 pesos, das tu domicilio y esperas tu permiso en tu casa". Ni siquiera vio ella nada y según ellos dizque muy derechos los gringos. ¡Ah, cómo están corrompidos! Ah, porque estaba pagada; ya le había dado su tajadita el licenciado. Le dio mucha risa al licenciado. Le dije "Oiga licenciado, ¿pues cuánto le soltó de lo que me cobró usted a la vieja de emigración? -Ah no, pues claro que llevan su tajadita; ¿Por qué cree que se la dio tan rápido? -Pero mire qué pinche vieja méndiga" le dije "yo creo que cuando mucho vio mi nombre. No vio nada de lo que llevaba -Pues claro señora, si todo está arreglado". Y ese día nomás del abogado que me ayudó a mí, éramos ocho y nomás a uno devolvieron. Fíjate el dineral, de 6.000 pesos, el dineral que reciben el abogado y toda la tajadita que le dan para que atiendan a aquellas personas.

Entonces sí, ya llegando a la casa les hablé a mis hijas "Mijas, ahora sí ya voy a ir. Ya me dieron la visa". El pasaporte era por 10 años. Pero cada que iba a México, me daban nomás 6 meses de estar aquí. Y entonces cuando me pasaba de los 6 meses, pues estaba de mojada, de ilegal. Ya me vine ya de todo a todo para quedarme aquí.

En abril del 99 me vine. A finales del 2004 fue cuando una de mis hijas metió mis papeles porque ya estaba nacionalizada. Ella me pidió como su madre. Gracias a Dios en cuatro meses me mandaron

---

21. 6.000 pesos en 1999 equivalían al salario de aproximadamente cuatro meses de trabajo de un obrero en México.

una carta que ya estaba aceptada. El 23 de marzo, no se me olvida ni se me olvidará, estaba yo en el hospital cuando me llevaron mis hijas los papeles. Los beneficios que tengo por estar emigrada es principalmente estar tranquila con mis hijas, no aquel terror de que me agarrara la migra, que me echaran pa'mi tierra. En ese aspecto ya vivo tranquila, feliz con mis hijas estudiando, apoyándolas en todo lo que esté a mi alcance, animándolas, que no trabajen en la costura, agachadas, a cansarse, a envejecer sin ningún estudio.

Muchísima gente sigue pasando cosas tan terribles, terribles. Sigue la gente haciendo toda la lucha a pasar como pueden. Les va muy mal. Y aquí los tratan muy mal también, pero siguen, siguen entrando a puro sufrir dizque a buscar el sueño americano, pero venir en esas condiciones es terrible. Es tremendo venir ilegalmente. Me arrepiento de muchas cosas, muchas. Pero ya las hice; ya no hay forma de remediarlo. Ahora lo único que hago y lo hago con muchos deseos es que mis hijas se preparen, estudien lo que les gusta, trabajen en lo que les gusta. Van a tener su premio con el favor de Dios. Así es. Pero yo de volver a nacer no volvería a cometer los mismos errores, las mismas tarugadas que cometí.

Me siento bien de haber dado mi testimonio. Para mí, recordar todo aquello es volver en cierta forma a vivirlo, a entristecerme y me da muchas ganas de llorar.[22] Ni a mi peor enemigo se lo deseo. Aquella angustia que pasé al pasar por el cerro es terrible. Ni vuelta a nacer lo volvería a hacer. ¡Pero por mis hijas sí! Por mis hijas haría cualquier sacrificio.

---

22. Con su voz quebrantada, empieza a llorar.

CPSIA information can be obtained
at www.ICGtesting.com
Printed in the USA
LVHW012036070820
662645LV00002B/99